老婆，我又惹你生气了吗

〔日〕岛津良智 / 著

杜润雨 / 译

台海出版社

北京市版权局著作合同登记号：图字01-2021-6545

"NAZE TUMA HA TOTSUZEN KIRERU NO KA" by YOSHINORI SHIMAZU

Copyright © 2020 Yoshinori Shimazu

All Rights Reserved.

Original Japanese edition published by FOREST Publishing, Co., Ltd.

This Simplified Chinese Language Edition is published by arrangement with FOREST Publishing, Co., Ltd. through East West Culture & Media Co., Ltd., Tokyo

图书在版编目（CIP）数据

老婆，我又惹你生气了吗/(日)岛津良智著；杜润雨译. — 北京：台海出版社，2022.10

ISBN 978-7-5168-3376-6

Ⅰ. ① 老… Ⅱ. ① 岛… ② 杜… Ⅲ. ① 婚姻 – 通俗读物 Ⅳ. ① C913.13-49

中国版本图书馆CIP数据核字（2022）第158561号

老婆，我又惹你生气了吗

著　　者：	〔日〕岛津良智	译　　者：	杜润雨
出 版 人：	蔡　旭	策划编辑：	刘　可
责任编辑：	戴　晨	封面设计：	刘晓敏

出版发行：台海出版社

地　　址：北京市东城区景山东街20号　邮政编码：100009

电　　话：010-64041652（发行，邮购）

传　　真：010-84045799（总编室）

网　　址：www.taimeng.org.cn / thcbs / default.htm

E－m a i l：thcbs@126.com

经　　销：全国各地新华书店

印　　刷：文畅阁印刷有限公司

本书如有破损、缺页、装订错误，请与本社联系调换

开　　本：880毫米×1230毫米　　1 / 32

字　　数：110千字　　　　　　　印　　张：7.75

版　　次：2022年10月第1版　　印　　次：2022年10月第1次印刷

书　　号：ISBN 978-7-5168-3376-6

定　　价：48.00元

妻子说："老公什么都不懂！"

首先感谢您购买本书。多年来我一直致力于探究情绪管理会给我们的人生和工作成果带来哪些影响，并将研究成果汇编在了《不生气的技术》系列图书中。如今该系列销量已突破100万册。

起初我主要面向商务人士开设研习班和讲座。后来应大家的要求，我开办了名为"不生气的育儿经"的主题讲座。通过讲座，我得以与众多女性朋友深入交流。在和她们交谈的过程中，我经常能听到她们抱怨自己的老公，比如：

"我老公不过是每周帮家里倒几次垃圾，就自以为是在做家务了，真让人不爽。"

"我老公把育儿过程中的一切麻烦事都丢给我，自己只知道和孩子玩儿。"

"我老公平时在家几乎没有照顾过孩子，等到回老家或者见朋友的时候却努力装出一副超级奶爸的样子，真是气死人了。"

"我产后减肥失败，正对自己的体形发愁，我老公却在一旁没心没肺地问：'你怎么还瘦不下来？'"

"我家那口子连一句'需要我帮忙吗？'都不会说！"

"每次让他陪孩子，他就往孩子身边一躺，自顾自地玩手机。我当时真想把他的手机摔了。"

"我去美容院前拜托老公帮忙照看孩子，谁知他竟然说：'周末好歹让我休息一下。'真是岂有此理！"

"我老公对我说：'真羡慕你还有空睡午觉。'他怎么不想想，我为了照顾孩子一晚上要爬起来不知道多少次。倒是他，整晚睡得推都推不醒。"

"我好心提醒我老公扔厨余垃圾要注意什么，没想到他竟然说：'再唠叨我就不帮你干了。'他以为自己是谁啊！"

"我老公经常忘记我们事先说好的家务分工。希望他自觉点，别不放在心上！"

"每次他帮我干家务活都干不好，最后还要我来收拾。让他帮我又不是让他给我添麻烦！"

"每次让他帮我干活，他都是嘴上答应得很好却迟迟不见行动，我自己干反而更快，真让人火大！"

"一让他帮忙他就发火，说什么'我很累的啊。'可是我也很累啊，最近真是被他气得说不出话。"

"为什么会有'帮忙做家务''帮忙带孩子'这种说法啊。我丈夫一直把家务事当成和他无关的事情。每次让他干点什么都有一种求他帮我的感觉，真让人生气。"

"每次孩子磨蹭的时候我老公就会说'妈妈要生气了哦！'他总是自己充好人，却让我当坏人，真是气死了。"

从以上这些抱怨来看，老公让老婆生气的原因真是数不胜数，仅这些牢骚话就快能出一本书了。我们从这些话里能明显感受到妻子们的愤怒，她们仿佛在控诉："我老公什么都不懂！"

但与此同时，我也能理解丈夫们的不易。我想肯定不乏这样的丈夫：家务也好育儿也罢，他们想帮忙却无从下手。尽管如此，他们仍拼命去帮忙，到头来还要被自己的妻子嫌弃道："没你的事了，别插手了。"但若就此撒手，又会惹得妻子更加不快，夫妻关系也会陷入僵局……丈夫们仿佛走入了死胡同，有时他们也一定想要绝望地大喊："你到底要我怎么样啊！"

暴怒的妻子数量正在激增

日本 NHK 电视台的《聚焦现代》栏目曾做过一期题为"妻子为什么生丈夫的气？从 2800 人的心声看当代夫妻关系"的节目。该节目对 2800 名已婚人士进行了调查，结果显示：越来越多的妻子有暴怒倾向，这让丈夫们感到恐惧。调查中约 48.2% 的丈夫表示自己的妻子很"可怕"，几乎占受访者的一半。当被问及妻子可怕的原因时，丈夫们表示自己的妻子一直处于异常焦躁的状态，有时还会突然暴怒，生气的时候活像个魔鬼。甚至还有妻子用"你没个人样"之类否定人格的话对丈夫进行语言暴力，有些妻子更是上升到了向丈夫扔东西之类的肢体暴力。

电视节目中，可怜的丈夫们面对镜头说出了自己的困惑："老婆与结婚的时候相比简直判若两人。""老婆为什么会变得如此易怒？"

那么，你是否也有同样的疑惑呢？

据我了解，有些男士对妻子的恐惧感不断加深，甚至患上了"妻子恐惧症"。有些男士还因为过于惧怕老婆而不敢回家，在家的每一秒都如坐针毡。

放弃为时尚早

我相信没人是奔着每天找气受的目的去结婚的。虽然人们对于理想生活的定义各不相同，但是我想大多数人都希望过上快乐安稳的日子。人生数十载风风雨雨，很难一帆风顺。你有你的苦，他也有他的难，大家自然都希望能够与自己的另一半同甘共苦，共度此生。

不知您是否也曾因此而感到沮丧：努力想和妻子好好过，却怎么也猜不透妻子的想法。既然不了解妻子的想法，那是不是应该给彼此一次推心置腹交流的机会呢？是时候和妻子好好谈谈了。

也许有人会说："要是能和老婆好好地沟通就好了。没等我说几句话老婆就会发火，然后我们就会开始无意义的争吵。"

但即便如此，我们也不能放弃和妻子的沟通。

当你已经感到和妻子的沟通出现了问题，意识到对方已经在发火的边缘时，请不要再坚持将自己的意志强加在伴侣身上。如果抱着强迫的想法去沟通，再怎样改变沟通方式，也不可能让对方放下心中的戒备。

两口子过日子，若是一方意气用事，另一方又斤斤计较、上纲上线，不满就会越积越多。之所以出现这种情况，大多还是因为夫妻双方沟通不足。

老婆幸福你才能幸福

老婆为何总是怒气冲冲的呢？想要探明妻子生气的真正原因，需要我们了解男女双方思考方式和感受方式的差别，循序渐进地和妻子进行有效沟通。本书花了大量篇幅细说男女双方的沟通方式，但比沟通技巧更重要的是认真思考"你想过怎样的人生？""你如何定义幸福？"等一系列问题。

也许大多数人会表示：我希望人生中充满幸福和欢笑，我还想和伴侣分享这种幸福——正因为我们对"幸福"有如此美好的憧憬，思考和伴侣的交流方式才变得意义非凡。也正因如此，即使我们为伴侣的言行感到生气，仍能够冷静下来为解决问题而努力沟通。

读到这里你可能会不满：为什么要男人一味让步？女人们总说："真羡慕男人，他们只要搞好工作就万事大吉了。"但她们不知道男人在外打拼，也有自己的难处。我也是男人，所以完全理解男人的心声：我们回到家偶尔也想发发牢骚，我们也不想面对老婆的坏脾气，我们也很累很不容易啊。不过现在越来越多的家庭，夫妻双方都要赚钱养家，让丈夫站在妻子的角度换位思考一下：妻子背负着工作、家务和育儿的三重压力，自然会觉得："凭什么一切都要我来承担？"生活中的争吵，可能就是妻子感受到的这种压力在向你开火。

不睡觉的时候，我们80%的时间都在和人打交道。妻子、恋人这些和我们相处时间最久的人对我们而言是无可替代的，她们是手握我们幸福之门钥匙的关键人物。反过来，我们对她们而言同样不可或缺。

要是你能够换一种方式理解另一半的坏脾气，她会变得更加幸福。如果你重视自己的幸福，就要明白如果身边人不幸福，自己也不可能幸福。那具体该如何收获幸福呢？

开启幸福之门的钥匙，就是情绪管理。

婚姻生活幸福的关键

生活中常有这样的例子：我们越重视身边的某人，就越容易生他的气。有此种倾向的人常常苦恼地表示："我就是个急性子"，或者"我总是动手比动嘴还快"。没关系，请你先放下心来。

别看我现在是一位情绪管理学讲师，为吵架拌嘴甚至动手的夫妻们处理过不少感情问题，但我年轻时在公司奉行的可是"KKD 管理学"。所谓"KKD"是我自己造的词，指"恐怖""恐吓"和"独断"，这就是我之前管理下属的方式。有一天上司告诫我："你认为理所应当的事情，和下属们理解的可不是一个层次的。"

结婚后，妻子曾数次对我说："我可不是你的员工。"因为我常常以一种上司的姿态对她长篇阔论，还非常自以为是，殊不知妻子只是需要我安静倾听。

现在我已经可以较好地管理自己的情绪，和妻子的关系也比之前好了很多。

常言道："我们无法改变他人和过去。"

举个例子来说，你觉得妻子衣服叠得不好，便向她介绍叠衣服的好方法。就算她欣然接受你的建议，你也很难完全改变她，要求她100%按照你的想法来。

所以与其用自己的价值观绑架对方，产生无谓的焦虑，不如改变自己来为你们夫妻二人未来的幸福生活助力。在我看来，自我改变才是更加合理有效的方法。

为此你要学会控制自己的脾气。如果你的怒火和压力来源于自己的"想法"和"执念"，那就去改变自己。

人生短暂，我们怎能将如此宝贵的时间浪费在发火和生气上呢?

为了你和妻子彼此的幸福，让我们从现在开始学习情绪控制法，为夫妻二人的幸福未来努力吧。

目 录

第四章　和妻子重归于好的 4 个步骤和 7 个技巧

第五章　对付暴怒老婆的制胜法宝

第六章　怎样增进和妻子的感情

第七章　惹老婆不高兴了该怎么办?

第一章

老婆究竟为何发火？

和老公总有生不完的气

两口子在一起生活时间久了，就容易产生矛盾。为家务和育儿已经心力交瘁的妻子们还要在日常琐事上和丈夫拌嘴，不快在她们心中越积越多。

更让人来气的是，丈夫们站在男性的视角上甚至搞不清妻子为何发火。虽说如此，丈夫们深知一旦开口问了反而火上浇油，因此时常抱着多一事不如少一事的态度，选择放任不管。

其实各位男士首先应该搞清楚的便是：无端发火的妻子们究竟在想些什么？

那就让我们先从丈夫们"被骂"的经历入手，分析一下妻子们发火的原因。

躲不过的家务火

"明明我也做家务了，却莫名其妙被老婆嚷：'凭什么家务都是我一个人做？'"

"我经常被老婆吵：'用过的纸巾怎么还放在桌子上？赶紧去给我扔了！'"

"我老婆瞅了一眼洗衣篮就发火了：'你又把衣服反着丢进去了？就不能考虑一下晾衣人的感受吗？'"

"让我刷碗就算了，刷完还抱怨我：'根本没刷干净。你要干就好好干！'"

"放假的时候我好心做顿饭，收拾的时候她却怒气冲冲地说：'调料撒得哪儿都是，你肯定拿切菜用的案板和刀切肉了吧！'"

"老婆抱怨我吸尘器用得不对，桌子也没有擦干净。我问她应该怎么做，她却生气了：'我平时干活的时候你从没注意过？'"

"我老婆对我的付出毫不领情，她说：'你最近确实做了不少家务，可又坚持不下去，干也是白干。'"

近期暴增手机气

"辛辛苦苦下班回到家，刚想松口气在手机上刷会儿视频，就被老婆吵道：'又玩手机！'"

"老婆看到我边哄孩子边看手机就火了：'抱着孩子还玩手机，干脆别抱了。'说着一把将孩子抱走。"

"我在客厅玩手游的时候睡着了，没想到老婆半夜起来给孩子喂奶的时候顺便给了我一脚。"

"老婆叫我吃饭，我随口答应了一声仍接着看手机。等回过神去吃饭，却发现桌子上已经没我的饭了。老婆在一旁挖苦道：'我看你一直盯着手机，还以为你不饿呢。'可是我明明只晚了两三分钟而已啊。"

"有一次我不小心在游戏里花了几百块钱。老婆看到账单后大发雷霆，直接扣了我三个月的零花钱。"

绕不开的育儿怒

"我周末比平时稍微多睡会儿就会被唠叨：'你就知道睡，好歹趁放假管管孩子。'说着连被子都不给我留。"

"我连回家开个门都会被老婆骂：'吵死了！把孩子吵醒怎么办？小点儿声！'"

"我听见孩子哭了正要去抱，老婆却突然发飙：'都说了让你好好看孩子，怎么才来！晚了！'"

"我听见孩子哭赶紧对老婆说：'孩子在哭，怕是该换尿布了吧。'老婆却阴着脸说：'只有这孩子没事儿的时候你才是他爸？'"

"老婆让我陪孩子玩儿，我就陪孩子一起看他最爱的动画片。没想到还惹老婆不高兴了，她嚷道：'我说让你陪孩子玩，没说让你陪孩子看电视！'"

老婆生气的原因之一：不公平感

通过上述事例可以看出，导致丈夫被骂、妻子生气的根源其实在于妻子们内心强烈的"不公平感"。

而在职场已婚女性身上，这一问题尤为突出。调查数据显示：现在日本的双职工家庭在数量上占上风，是全职主妇家庭数量的 1.5 倍。

日本国立社会保障人口问题研究所每五年会进行一次"全国家庭动向调查"。该研究所 2018 年的调查数据显示：丈夫长时间加班已成常态。工作日他们花在做饭、打扫卫生等家务事上的平均时间仅为 37 分钟，还不到妻子（4 小时23 分）的七分之一。即便是在周末，妻子做家务的平均时长（4 小时 44 分钟）也是丈夫（1 小时 6 分钟）的四倍多。

然而，辞去工作回归家庭的全职太太们，内心也抱有极大的不公平感。

一名前来咨询的女性表示,有孩子后她成了一名全职太太,但她心中对于丈夫的不满与日俱增。她时常为自己感到不公:"我也曾在工作中做得风生水起,如今却要为家庭做出如此大的牺牲。"

她还谈道:"丈夫为我、为这个家辛苦工作,尽心耕耘,我很开心。但我本可以在职场上发挥更大的价值,现在却退居幕后做起了丈夫的后勤保障,我为自己白白浪费的时间感到焦虑和不甘。这是我没来由发火的根源所在。"

有人说,当今时代的育儿方式是"丧偶式育儿":丈夫每日忙于工作,早出晚归,独留妻子一人哺育孩子。这些"被留下"女性内心的寂寞是我们难以想象的。被工作抛弃、又远离父母的主妇们,被一步步逼入丧偶式育儿的窘境。这些妻子被封闭在住宅小区那一方狭小的天地中,终日面对的只有自己任性的孩子。

不难想象她们浸泡在这种生活中的无力与焦灼。因此在某种程度上,她们将丈夫作为发泄怒气和压力的对象似乎也可以理解,毕竟除此之外她们身边再无旁人了。

可惜丈夫们似乎并没有想象中那般可靠。丈夫，这一本该与妻子心意相通的枕边人却"辜负"了妻子的期待，对妻子内心的苦楚毫无知觉。我想就是这份不理解招致了妻子们的怒火与痛苦。

妻子的不满是夫妻二人的问题

那我们究竟该如何解决这一问题呢？

我认为男女价值观的差异是导致女性对男性不满的本质原因。因此，如果夫妻二人努力调和价值观，那横亘在两人之间的不平等感也会随之减少。

但价值观的差异可谓是理所当然的。即使是从小一起长大的亲兄弟，其价值观也会因不同的人生经历和际遇而有所差别，更不用说结合之前互不相识的夫妻了。可惜人们总是抱有美好的幻想，认为只要在一起生活的时间久了，价值观的差异就会慢慢消失，甚至奢望自己无须开口，对方就能体察自己的所思所想。正因为夫妻二人将各自的价值观套用在了对方身上，才会使得双方不睦，引发矛盾。

夫妻一旦价值观的差异过大，会导致二人自说自话，无法沟通。因此婚后明确各自的价值观是非常重要的。

尤其是有孩子后，还保持二人世界时的生活方式是行不通的。但是我在这里并不支持夫妻中的某一方一味退让。我认为两个人应该彼此坦诚相待，各退一步，在沟通中寻求理解。

同样地，尝试去理解对方也十分重要。有人说："结婚时间一长，两个人之间就没什么话题了。"甚至还有人自以为是地认为："我比任何人都了解他（她），没什么好担心的。"但扪心自问，我们当真没什么可说的吗？我们真的了解对方的一切吗？恐怕也不尽然。

其实一个人想要理解另一个人，难上加难。而想要真正读懂一个人，只怕是我们倾尽一生都无法做到的。所以我们要注意体察对方的情绪，重视人与人之间的交流。

此外，我们还有必要了解男女生理上的不同。例如，男人会因为身边的女伴心情不错这点小事而感到幸福。我想让阅读本书的女性朋友们明白，男人就是这样单纯的生物。

但女人却不同。有句俗话说："女人的心就像六月的天，说变就变。"以此来形容女性情绪多变、捉摸不定的心情。

有时候女人们嘴上说着"我没生气啊"，其实内心已然怒不可遏，暗暗在想："他说的什么话！"

也就是说，男女思考方式的差异造成了双方会为不同的事情生气，选择不同的方式表达自己的情感。我并非脑科方面的专家，因此本书中阐述的男女在情感与思维方式方面的差异仅代表我个人的观点。

既然男女的价值观不同，思考方式也不一样，难道我们对于妻子的暴怒和夫妻关系的改善真的束手无策了吗？

本书将在第二章、第三章论述夫妻男女之间的差异。了解了这些知识后，本书从第四章起将向大家提供让妻子消气、进行有效交流的良策，为各位答疑解惑。

第二章

招致不和的罪魁祸首

—— 夫妻的"不同"

婚姻中九成不开心源于价值观差异

我在工作中曾听过许多夫妻倾诉烦恼。我发现，妻子们的怒气大多是和丈夫存在价值观差异所致。

所谓价值观，是指我们看待问题的视角和思考方式，它因人而异。说得更通俗一点，价值观就是对于某人而言"什么重要，什么不重要"。因此价值观的差异主要体现在每个人对事物重要程度看法的不同上。

比如结婚纪念日在妻子看来是每年都要庆祝的大日子，但丈夫却毫不在意，甚至把它忘了。这就会导致妻子暴怒："没想到还能有人忘记结婚纪念日，真是不可思议！"这个例子里，夫妻二人对于结婚纪念日重要程度的看法各不相同。

与此相似，这世界上会有一丝不苟的人爱上得过且过的人；会有精打细算的人爱上大手大脚的人；会有恪守时间的人爱上自由散漫的人。

一个人价值观的形成，与成长环境、性格和际遇密切相关。因此这个世界上不存在价值观完全相同的两人。仔细想想，人的价值观存在差异其实是无比正常的事情，所以结为夫妻的二人也会因为不同的价值观而闹矛盾。

接下来我将列举五个夫妻间容易出现的有关"价值观冲击"的典型事例，我认为这对于即将结婚或再婚的朋友们很有帮助。

（1）工作重要，还是家庭（我）重要？

想必有很多男性朋友都觉得：正因为已有家室，才更要努力工作拼命赚钱。毕竟工作稳定家庭才能幸福。确实，只有收入稳定才能买自己想要的东西，才能为孩子的教育投资。

但据说最近越来越多的女性认为，高工资不是必需的，她们更希望丈夫能够把家庭放在第一位。不知道您和另一半的观点如何呢？

价值观随着时代的发展而变化，女性对另一半的要求也在发生改变。

在 30 年前日本的泡沫经济时代，高学历、高收入、高个子的"三高"男性在日本婚恋市场备受青睐。平成①年间，日本经济走起了下坡路，女性对于结婚对象的要求也随之变为了"三平"，即年收入平均水准、外貌平平无奇、性格平易近人。

平成后期，日本女性的需求又发生了变化。2012 年某保险公司的调查显示，日本女性期望结婚对象满足"四低"即可，即："低姿态（不乱发脾气）""低依赖（不把家务和育儿都丢给妻子）""低风险（从事公务员等裁员风险低的工作）""低消耗（生活节俭）"。

某相亲机构的调查结果表明，如今"不家暴""不负债""不出轨"的"三不男性"，在 20 岁至 35 岁有相亲需求的日本女性中很受欢迎。

值得我们关注的是：随着时代发展，女性的择偶标准经历了"高"→"平"→"低"→"无"的变化历程。从女性期望与"三不男性"共同生活的意愿可以看出，比起金钱、外表等社会价值上的优势，"适合过日子"的特质更加吸引

① 平成：1989 — 2019 年日本天皇年号。

当代女性。她们只要求另一半温柔体贴，没有明显的缺点即可。要求虽低，也并非所有已婚男士都能满足。恐怕各位已婚的朋友们已经切身感受到了时代的变化。当今日本，育有孩子的中年夫妻大多采用这样的生活模式：夫妻二人共同工作，回来一起分担家务、照料孩子——男女在家庭生活中扮演的角色正逐渐发生变化。

妻子刚结婚时或许会认为一切应以丈夫的事业为重。但在时代的影响下，妻子的想法可能会变为：婚姻生活中两个人应该互相扶持、丈夫应该把家庭放在首位，等等。

（2）女性婚后该继续工作还是成为全职太太？

我认为这一点因人而异。有些女性希望婚后继续工作，有些女性希望做全职太太奉献家庭。但现在似乎有越来越多的男性希望老婆婚后继续工作赚钱。

当然，只要夫妻二人在这一点上达成共识就没什么问题。但我曾遇到过这样一位男士，男士的母亲是一位全职太太，不论多晚他母亲都会等自己的丈夫回家，照顾丈夫吃饭泡澡后自己才会去休息。因此在这位男士看来，男人的工作就是一切，妻子的任务就是让丈夫工作得更加舒心。男士在这样的家庭中长大，理所当然地也认为，结婚后妻子应该像自己母亲无微不至地照顾父亲那样，辞职在家照顾他。

男士经一位熟人介绍认识了自己的妻子，他们在交往一年半后结婚。婚后妻子按他的要求做起了全职太太，但是没过多久，妻子说自己想要创业。妻子的提议让这位男士无所适从。

交流中两个人都自说自话，沟通毫无进展。男子不解地问："照顾这个家不就是你的工作吗？"妻子却说："你明白什么！"之后妻子用婚前攒的钱开始学习，准备创业。

一天，妻子突然说希望丈夫能够分担一些家务。"这算是哪门子话？"男子感觉自己如同被骗了一样。新婚两年，他们夫妻二人已经分居了。

其实，他们在结婚前就应该好好交流一下对未来的规划、各自的梦想和对新生活的期待等。

我还遇到过这样一位全职太太。有一天，她那位任职于一流企业的45岁的丈夫突然毫无征兆地告知她，自己要辞职去乡间种田。她表示，儿子为了上医科大学已经是第二年复读了，家里正是要花钱的时候，你现在怎么能辞职呢？丈夫却回答："我已经为这个家付出很多了，家里的钱一直都是你管的，应该还有不少存款吧。之后你就用这些钱维持花销吧。你要是想和我一起去乡下自然是好，要是不想也可以离婚。我不会再往家拿钱了，之后你把房子卖了也无所谓。"

这样事关未来的重大决定，丈夫拍板的时候却只考虑了他自己。这位太太怒火中烧：自己也是一样把时间都献给了家庭啊。

这样看来，他们夫妻二人都觉得自己为家庭做出了很大的牺牲，但是一直以来两人都选择将不满积压在心中。如今丈夫终于受不了，先崩溃了。

详细询问这位太太后我才知道：她的丈夫只看重工作，他把家里的事全部丢给妻子，和妻子的话题也仅限于孩子。并且两人已经分屋睡很久了。而妻子也曾思考过这场婚姻是否有继续下去的意义。但是想想丈夫每个月都往家里打钱，也不像是在外面有了女人，更不会去赌博，只是人无趣了些罢了。她自我安慰道：如今都有了孩子，实在犯不上离婚。

这位太太的父亲和她的丈夫一样，也是一位工作狂，家里的事都被丢给了她母亲。她说从记事起，一家人从没有一起出去玩过。这样的原生家庭，导致她一直以为男人都是这样的。

任何人都会不自觉地将自己的伴侣和父母进行比较。人们会通过比较得出"这个人有问题"或是"这样生活就不错"等与自己价值观相符的答案。

但其实我们应该把自己和父母当作不同个体分别看待。自然，也不存在哪家的教育方式一定对，或一定不对这样的说法。

两性相处的诀窍在于不断言"事情就应该这样办"。毕竟，婚姻中根本不存在"某事就该由妻子来做"，或者"某事就该是丈夫来干"的说法，因为所有事都需要夫妻二人交流沟通，在价值观的碰撞中磨合，一同寻求答案。

（3）家里是要井井有条还是随意摆放？

一档女性节目曾做过名为"丈夫的讨厌之处大排名"的

调查。不出所料，众多选项中排名第一的是"老公不爱整理"。

如今有越来越多的妻子因为老公不爱收拾而心烦意乱，她们抱怨道："丈夫把东西往那儿一放就不管了。""老公连已经不穿的衣服都要留着，真讨厌。""老公在家总乱扔垃圾。""一回家衣服和袜子扔得到处都是。""用完浴巾从来不会放回原处。"……恐怕也有不少男性朋友被这些抱怨折磨得不胜其烦吧。

最近日本有一位名为"分享丈夫的乱丢乱放（有时是女儿加丈夫）"的博主在社交网络上迅速蹿红。这位博主将家中丈夫乱丢的垃圾拍照上传到网上，引起了不少女性的共鸣。浏览一下这位博主的主页，你一定能真切感受到主妇们为丈夫收拾残局的不易和她们的愤怒。

每个人对于自己生活空间整洁程度的要求各不相同。从整理房间的方式中可以明显看到个体价值观的差异。如果两个人在结婚前没有一起生活过，是很难发现这方面的差异的。

恐怕在很多男性朋友看来，房间稍微乱点怎么了，完全无伤大雅。他们还会觉得，因为一张餐巾纸没扔进垃圾桶就唠叨个没完的妻子有点反应过激了。而在妻子看来，丈夫的这种行为就是"邋遢"，她们会抱怨丈夫"连个垃圾都不扔"。其实这些问题都源于夫妻价值观的差异。

反过来，自然也有爱干净的丈夫遇上不爱收拾的妻子。

之前有一位女士来找我咨询，说丈夫因为她无法保持房间整洁而大发雷霆，两个人已经闹到了要离婚的地步。她苦恼地表示：其实自己读了很多本关于整理的书籍，仍然觉得无从下手，整理这事真是说起来容易做起来难。

擅长打扫，把家里整理得井井有条——自古以来女性似乎就被贴上了这样的标签。社会甚至形成了女性理应会打扫的价值观。但即便如此，也并不是所有女性都能"治家有方"。

我详细了解了这位女士无法保持房间整洁的原因。原来，每天洗衣做饭、照顾孩子和上班已经让她超负荷运转，她没有多余的时间和精力再去整理房间了。这样看来，房间杂乱也不能全怪她一个人。

房间是一个空间，而理论上男性比女性的空间感更强，所以善于整理归纳的男性同样大有人在。

"你一个女人怎么连整理屋子都不会？"——这样的固有成见会让那些不善整理的妻子被"罪恶感"包围。那位来找我咨询的女士话里话外同样透露着羞愧和不自信。

生活中，如果映入眼帘的永远是一片混乱，所到之处常有杂物绊脚，不知不觉中人们的精神压力就会增大。而生活在杂乱无章的环境中会让压力和焦躁感逐渐堆积，长此以往人们说出的话也会变得刻薄，沉重的空气将在家里久积不散。

当夫妻中有一方不擅长整理，导致伴侣陷入烦闷情绪时，就要一起商定处理方法。

两个人需要静下心来谈谈如何让屋子保持整洁。但我们要做好心理准备，毕竟整理房间等家务不是一朝一夕就能做好的。如果对方本就不擅长整理，可能需要很长的时间才能学会。

如果妻子对你走哪丢哪的毛病极其不满，不如试着稍稍收拾一下，看看效果如何。比如"进门时把鞋子摆放整齐""把换下的衣服挂好""垃圾一律扔进垃圾箱"等。一直以来随便惯了的人，想要一下子把所有事都做好是很难的，不如从一件小事着手更容易看到成效。

反过来，如果你因为妻子不善整理而生气，那不妨先将属于自己的空间收拾得赏心悦目。此外还有一个生活小窍门：只要你将厕所或浴室这样小而封闭的空间收拾干净，其他地方即使稍显杂乱也不会太过碍眼。因为只要私人空间保持整洁，人就能静下心来。

各位爱干净的男同胞不妨自己以身作则整理房间，甚至可以挑战一下改变家里的布局来缩短做家务的时间。

特别要注意的是，如果我们决定从妻子手中接过家务重担，就要耐心负责，不要把抱怨带到家务活中。

如果男士们牢骚满腹，抱着一种施人恩惠的态度去做家务，不仅自己会越发不快，更会让妻子产生心理负担。就算妻子开始不表露后悔之意，时间一长也定会生气："既然不想做你就别往自己身上揽啊。"

如果你和前面提到的那位女士情况相似，因负担过重而无暇顾及家务，不妨在繁忙时请钟点工上门帮忙，这样便可减轻夫妻双方的压力。

打扫卫生这事说大不大，但说小也不小。确实有夫妻因为房间不整洁而选择离婚。因此在这件事上，夫妻双方各退一步，求一个海阔天空，保持婚姻和睦才是上策。

（4）花钱是要大手大脚还是精打细算？

正所谓"钱在人情在，钱尽缘分断"，夫妻二人的金钱观若差异过大，就会导致在婚姻生活中争吵不休。

我身边不乏这样在金钱问题上存在分歧的夫妻：买东西，丈夫提倡"经济实用即可"，妻子却主张"高价耐用为优"；去购物，丈夫"拍脑袋结账"，妻子却"三思而后行"；对下属，丈夫重面子好请客，妻子却是 AA 制的拥护者；出门下馆子，丈夫乐在其中，妻子却觉得心疼，等等。

甚至还有一些夫妻遇到了赌博、负债等金钱危机，导致离婚。我认识一位女士，她的丈夫花钱大手大脚，她为此十分生气。

这位女士的丈夫非常帅气，走在路上常引得路人频频回首。女士也曾为自己的这位帅老公骄傲不已。但是他们结婚后不久，妻子就察觉出了问题：家中时常冒出丈夫新买的名牌包和手表。这并非偶尔的奢侈之举，丈夫每周都会购入价值十万日元以上的牌子货。

她提醒丈夫："你买这么多奢侈品，会影响家里的日常开销吧？"丈夫却强词夺理："我自己赚钱自己花怎么了？"之后丝毫不改花钱如流水的习惯。

他们夫妻二人都有工作，在结婚前就已经商定：婚后丈夫支付房租、还汽车的贷款；妻子负责电费、燃气费和吃饭的开支。除此之外，为长远打算，每人每月各出八万日元用于存款和购买保险，剩下的钱即可各自支配。

没想到后来妻子发现丈夫在外面借了300万日元。丈夫的年收入为500万日元，妻子300万日元。这对夫妻本无需为钱发愁，可不满现状的丈夫还是瞒着妻子借钱去买奢侈品。

更糟的是，丈夫并未如期还上那300万日元的欠款。一拖再拖下，算上延期手续费，欠款数额已达380万日元。面对妻子的逼问，丈夫只得保证自己绝不再借钱。可是妻子帮他还完欠款不到两个月，他就又借了100多万日元。

这是因为丈夫不仅爱买奢侈品和手表，还在瞒着妻子赌博。

事情发展到这一步，夫妻二人自然是一分钱都没有存下，他们的结合最终也以离婚收场。

其实，爱借钱的人和爱乱花钱的人，说到底都是已经上了瘾，不从根本上解决问题是没法保证他们绝不再犯的。

比如，故事中的丈夫要是想改掉乱花钱的毛病，可以寻求专家的帮助，也可以把钱全部交给妻子管理。总之想改掉乱花钱的毛病，就必须借助切断金钱来源这样极端的方法。具体可以这样做：把工资卡交给妻子，每周从妻子那里领零花钱，或可以申请一张与妻子共用的银行卡，这样自己的每笔花费都会以短信形式发到妻子的手机上。如此就可以让妻子帮忙监督，防止花费过度。

另外，如果你是通过花钱来缓解压力，那就要尽快着手寻找其他不花钱的减压方式。

同理，为个人爱好投入金钱的多少也体现了金钱观的差异。你眼里一文不值的东西，在别人看来可能是无可替代的人生至宝。

一位喜爱游戏的男士表示，手机游戏是他唯一的消遣和乐趣。开始妻子常怒斥他道："你的眼睛简直舍不得离开手机一秒。"如今这样的抱怨愈演愈烈，逐渐发展成："什么？你在游戏上花了那么多钱？有那个闲钱不如存起来。""回来就知道玩手机，也不管孩子，气死人了。"等等。越来越多的丈夫把手机当作救星一样寸步不离，这让妻子们感到不满。我在前文中也曾列举妻子们对丈夫玩手机的愤怒，不知是否引起了你的共鸣呢？

妻子抱怨丈夫玩游戏时间长，其实是在寻求和丈夫沟通的机会，其潜台词是："不要每天总对着电脑和手机，也花时间陪我说说话。"所以，丈夫们不能只沉浸在游戏的世界中，而应有意识地多与妻子和孩子沟通。此外，夫妻二人要一起商定丈夫在游戏上的花费，避免过度花销，这样丈夫也能玩得安心。

我还认识这样一位男士，他单身时收藏了不计其数的萌系动漫人物手办。婚后他与妻子共迁新居时，打算将所有的手办都搬进新家。他的这一行为让妻子十分生气。好说歹说，妻子终于答应分给他一格架子来放手办，他只好把多出来的手办都扔了。他现在仍然在收藏手办，但却严守着妻子定下的"只能摆一格架子"的规矩。

由此可知，在与金钱或个人爱好有关的问题上，夫妻二人尤其需要通过沟通寻求一致。

虽说婚前商议此类问题更容易达成共识，但婚后着手也为时不晚。如果你已经组建了家庭却还未和伴侣讨论过金钱问题，不妨从现在起和伴侣规划一下未来的生活，一起商量日后的开销应如何分配。

我们可以把人生的重要事件和必不可少的大笔开支列举出来：办婚礼的钱、孩子的教育经费、房款、旅行费用、养老金、存款等。列出后再思考一下自己和妻子有什么需求，你们又要各自拿出多少钱来满足这项需求。举个例子来说，将一个孩子从幼儿园供到大学毕业，仅在教育上就需投入约1200万日元（约合72万元人民币）。当然，选择公立学校还是私立学校会影响在教育上投入的多少。此外，孩子越多，在教育上的花销自然就越大。考虑过这些后你会发现，乱花钱惹妻子生气实在不是明智之举，夫妻同心为将来认真打算才能获得更好的明天。

（5）要不要孩子？

说起人生规划，绕不开的话题就是：你是否期待着拥有自己的孩子？有关这一问题的价值观差异同样对婚姻生活有着不小的影响。

有些女性朋友想要孩子，却因为没有在生育问题上和丈夫达成一致，而眼睁睁错过了生产的最佳时期。

而有些男性朋友想要孩子，自己的妻子却不答应。

还有些夫妻在生几个孩子的问题上意见不一。比如，丈夫因为原生家庭是兄弟三人，就想要三个孩子。但是妻子却觉得生一个孩子就足够了。

每个人对于孩子的渴望程度不同，其背后的原因也不尽相同，或许其中还涉及较为私密的问题。但既然已经结为夫妻，就应该开诚布公地与自己的爱人说清楚。我们应该在结婚前告知对方自己对于生育的想法，不要给彼此留下想要孩子却无法如愿的遗憾。

我认识一对结婚三年的夫妻，其中 30 岁的妻子无比盼望能赶紧拥有自己的孩子。面对求子心切的妻子，丈夫却表现得含糊其词："等我们攒点钱再要孩子吧。"妻子的焦虑与日俱增，她每天都为此苦恼。而丈夫觉得一旦有了孩子，他们的生活就要围着孩子转了，花销也会大增。不仅如此，他看到妻子因为生孩子的事变得暴躁易怒便开始担心：万一生下的孩子不合妻子的心意，她会不会更加不高兴，说不定还会迁怒到我身上。

从这个例子我们可以看出，夫妻二人都只顾着自己的幸福。他们没有为彼此的幸福考虑，也没有为两人共同的幸福考虑，这才导致两人如两条平行线般无法沟通。这位男士的做法尤其不妥。他作为丈夫，没有考虑到身为女性的妻子对于孩子的渴望，也没有积极地帮助妻子实现愿望。

这对夫妻应该好好商量一下丈夫所担心的金钱问题，讨论清楚孩子出生后可能给生活带来的影响和改变。

夫妻之间应讨论一些积极的话题，比如：孩子要怎么养？

需要花多少钱？还可以将每周六设为妻子的美容日，妻子可以在这天去美容院放松身心缓解焦虑；将周五晚上设为丈夫的健身时间，以保证丈夫有空锻炼身体，独享个人时光。

或许我们常听人说："生了孩子才知道孩子有多可爱。"但是养儿不易也只有生了孩子才能体会。原本的二人世界会因为新生命的到来而发生巨变。女性更是会因为在生产中消耗大量体力、荷尔蒙失衡而变得情绪不稳定，甚至有女性因此患上产后抑郁症。毫不夸张地说，现在有越来越多的夫妻在育儿难关上出现问题，从而陷入"产后危机"。这是因为孩子一生下来夫妻就要挑起养育孩子的重担。若是夫妻二人育儿意见相左就容易出现争吵。

在这里我建议今后有生育打算的家庭：如果出现夫妻二人意见相左的情况，我希望丈夫可以将其视为提高二人幸福度的宝贵机会，希望丈夫可以正视妻子的意见，真诚交流。

我们为何会选择与价值观不同的人
携手余生？

据说日本现在每三对夫妻中就有一对夫妻以离婚收场，而高居离婚原因排行榜第一位的竟是"价值观不一致"。可是价值观本就是因人而异的。

或许有朋友要问了：人们为什么会与价值观不一致的人结合呢？其实，认为在这个世界上能找到与自己价值观完全一致的人，才是大错特错的。

有句俗话说"别人家的花更艳"。与此道理相似，若是遇到了一个心动的人，在未深入了解的阶段，我们会觉得他／她的价值观与自己无比契合。

但是在两人深入了解后，价值观的差异就会显现出来。

这是因为两个人在谈恋爱时会关注相同的事物。他们一起看电影、一起旅游、一起赏景，互相审视对方价值观的时间反而不多。因此情侣们容易收获快乐，不会互相伤害。

等到两人结为夫妻后，就会从各个角度审视对方，这好比拿着放大镜看爱人的缺点，自然容易感到不适。如果说恋爱是童话故事，结婚就是回归现实。

谈恋爱时，我们看到的并非是对方的全部。比如，就算谈恋爱时从没听过伴侣放屁，结婚后想必也会听到。

所以说，两个人在成为夫妻的那一刻，才开始了真正的交流。

让步的底线究竟在哪儿？

一对夫妻之所以会因价值观差异离婚，是因为价值观的差异过大，大到了无法互相妥协的地步。

那么这些无法忽视的价值观差异究竟是在婚姻生活的过程中渐渐显露，还是结婚前就有端倪？我认为多数价值观差异都是在婚姻生活中慢慢出现的。若是结婚前就能感受到价值观不一致，那么我想大多数人不会选择步入婚姻殿堂。

两个人刚在一起时，心中的爱意会导致对横亘在两人之间的价值观差异视而不见。此时应当保持理智，尊重对方，欣赏差异，因为我们在喜欢一个人的时候，会不自觉地努力迎合对方的价值观。

有了婚姻的约束后，两人的关系变得更加牢固，人们就不会再"事事为对方考虑"。这时，之前忍受已久的价值观差异就会凸显出来，成为二人争执的矛头，进而演化为我们无法容忍的缺点。

此外，还经常会有人结婚后才发现自己的另一半和想象中完全不一样，不禁感慨"怎么一切都变了"。这是因为有些价值观上的差异，只有在婚后，或是有了孩子后，才会显现出来。

另外，还有一些价值观差异只有在某些出乎意料的情况下，如遭遇裁员、孩子走上犯罪之路时才会被人们觉察到。

不管怎么说，价值观差异的出现是夫妻二人重新审视对方，与对方和解的好机会。

第三章

原来男人和女人是如此不同

从了解男女的脑结构开始

"男人来自火星，女人来自金星。"——相信很多人都听过美国畅销书作家约翰·格雷的这句名言。多年来，他所著的两性关系系列图书被无数人追捧。

正如他所言，男性和女性如同来自不同星球的生物，在思考方式和感知方式上都有着很大差异。

因此我们在了解"价值观差异"的同时，还需认识到"男女心理上的差异"。这样我们就会本着"男女大脑结构不同，不能较真"的态度，远离无谓的烦恼和怒火。

有些男性朋友因为不了解男女思考方式和感知方式的根本差异，用错误的方式与妻子相处，常常招惹妻子生气。

为什么女性会比男性显得更加"细腻" "敏感"？

吵架的时候，男人常会说这样的话："女人总是没事找事，动不动就发火。最近老婆因为我忘记关灯这点小事生气，就自顾自抱怨个没完，根本不听我解释。不仅如此，她还会细数各种陈年往事。什么'你之前就犯过这个毛病了'，什么'之前你就说过这样的话了'，然后自己越说越生气。"

但女性却表示："我老公总忘记关灯，我好心提醒他，他却找来一堆歪理狡辩。我没听懂他说的话才多问了几句，没想到他倒来气了。"

其实当你了解男女脑部构造的差异后，就能理解夫妻间为何会出现这类问题。

女性大脑胼胝体的压部比男性更厚，因此脑内视觉信息的交互活动也更加频繁。所以女性常常能留意到男性注意不到的细微之处。

另外，相比男性，女性大脑中与主管语言理解的韦尼克区域相连的神经更多。因此女性听力更强，更擅长沟通。

女性之所以比男性显得情感丰富，是因为女性大脑前连合部位对于情绪反应的信息交互更为活跃。

女性为何能牢记往事？

研究表明，女性"动不动就旧事重提"是因为她们的性格倾向于守护整个族群而非个体。也就是说，女性唤起族群保护意识的海马体的活动更为频繁。同时海马体还负责记忆的储存，因此女性对往事的记忆力更强。

那男性的大脑又如何呢？

通过对男女进行的认知能力测试，我们可以清楚地了解到男女各自擅长的领域。

女性在"直觉速度测试"和"语言流畅性测试"中的成绩较高，其理由已在前文详细说明。

而男性在"空间旋转能力测试"中取得了更好的成绩。

"空间旋转能力测试"中，测试者需要在脑内模拟方块体的旋转移动来回答问题。该试验测试的是被试者从两个以上的角度分析问题的能力。而测试结果显示男性更善于从多个视角看待问题。同时，在日常问题上，男性也更倾向于多角度思考。

而女性对于空间的把控能力要稍逊色于男性。因为女性相较男性对所处环境的敏锐度更低，所以方向感弱的女性也相对较多。

但是男性更加不善言辞。因此在出现争执时他们往往敌不过说起话来滔滔不绝的女性，只能选择沉默。这也导致争辩中男性常来不及举例子讲道理，最后只能以"强词夺理"收场。

女性更渴望与人共情

我相信有许多男性都有过被妻子怒斥"你在听我说话吗"的经历。妻子一旦感到丈夫没有在认真听自己讲话，就会很不开心。而男性朋友们常常觉得女性的谈话冗长无趣，因此会失去耐心。

我经常参加学校家长联合会组织的活动，活动中我仔细观察了各位妈妈的状态，留意她们在咖啡店和家庭餐厅的言行。我发现她们交谈时话题是多变的，一个话题往往还未得出结论就结束了。"这种交流方式真的可以达到交流目的吗？"我感到十分好奇，但她们似乎乐在其中。

男性的特点是"把思考的事情说出来"，而女性的特点则是"把感受到的东西说出来"。因此在女性群体的对话中，"我懂"一词出现的频率非常高。女人们常通过这句话来互相满足对方的共情需求，谈话也会随之变得热闹起来。

但是男性之间几乎不存在"为了获得倾听而寻求交流"的对话。如果遇到问题，男性常倾向于自己寻求解决方法。在自己无法解决问题时，也会寻求他人的建议，但他们常常会自己确立目标，制订行动计划。

因此，男性会将妻子的沟通需求理解为妻子有难题需要他来帮忙解决。交流中他们会为妻子分析烦心事，并告诉妻子原因何在、如何解决。

但我希望广大男性明白，这些做法只会让妻子更加郁闷。因为很少有女性找你说话是为了向你寻求解决方法，或是请你给她提意见，大多数女性只是想找一个倾听对象。

因为对于女性而言，重要的是有人与她共情，而非帮她解决问题。

女性问你"哪个更好"时的标准答案

不知阅读此书的朋友是否有这样的经历：和妻子或女朋友一起去买东西时，她们会问你两样东西哪个更好。这时如果你认真说出自己的意见往往会惹得她们不开心，但如果你说"两个都好"又会被抱怨回答得太过随意。

其实她们问你这些问题，并不是真的想从你那里寻求答案。因为她们心里往往已经有了答案，只是想从你那里寻找一种共情，让你帮助她们下定决心。

看到这里恐怕很多男性朋友不禁要抱怨："既然心里有答案，那就别来问我啊。"其实对于女性来说，和人交谈不仅是她们享受购物时的一个必要环节，更是她们寻求共情的方式——仅仅是他人的一句"不错啊"就能让她们安下心来。因此再遇到类似的情况，我们要先问问她们的想法，而非急着说出自己的意见。

女性可以通过聊天减压

常有女性感叹："我和朋友聊了好几个小时，现在一身轻松！"这话在男士们听来或许会觉得不可思议：能从早聊到晚，究竟是有多少话题？其实女性在面对压力时，会选择通过与他人交谈来谋求共情、整理自己的思路。也就是说，女性可以通过聊天减压。

但男性却相反，他们在面对压力时会更加倾向于保持沉默。大多数男性在遇到问题时会选择独自承受，倾向于自己整理思路并思考解决方法。这就是男女之间的巨大差异。

因此当妻子在家里不停向你抱怨的时候，重要的是先问问妻子的想法，然后再给予她肯定。比如"一定很难受吧""真不容易啊"等。这样妻子就会觉得自己获得了丈夫的理解，压力也会减少。

要是还没等妻子说完就急着发表意见，告诉妻子："我理解你的感受，但是你做得也有问题。"那就大错特错了。其实女性们基本都能意识到自己的问题所在，她们只是想找一个倾诉对象而已。因为对于女性的大脑而言，共情会带来快乐，丈夫认真听完自己的抱怨后，自己自然会冷静下来，然后意识到："我也有做得不好的地方，我不能总是抱怨。"从而主动选择放下。

男女在表现上的区别

	男性	女性
出现问题时	寻求解决	寻求理解
处理问题的方式	大事化小	小事化大
希望在人生中获得	自由	爱
希望从爱人那里获得	称赞	理解
刺激的来源	挑战	称赞
疲惫时	想要放空	想要被满足

第四章

和妻子重归于好的
4 个步骤和 7 个技巧

尝试培养夫妻共通的价值观

本章将针对第二章所阐述的价值观问题给出操作实例。在前面的内容中，我多次强调价值观存在差异是理所当然的事。但若就此认为自己无法理解妻子并放弃沟通，不仅无法改善原有关系，更无法建立你渴望的夫妻相处模式。

如果我们不和妻子及时沟通，婚姻生活中的一些小沟小坎就会逐渐变成不可修复的深渊。这有可能让我们陷入消耗式婚姻的困境。

现在有些男性因为害怕面对暴躁的妻子，故意等妻子睡下再回家。他们和妻子也有过可以正常交流的愉快时光，只是之后婚姻中出现的种种问题导致他们终于关上了沟通的大门，决定少和妻子见面为妙。

因此在出现沟通问题之前（即使出现了问题现在补救也为时不晚），我们要将"夫妻虽价值观不同，却是彼此的忠实伙伴"牢记心间。要知道，通过沟通培养夫妻共通的价值观是十分重要的。

　　培养共通价值观的首要条件就是"日常交流"。回忆一下，你每天会和妻子说上几句话呢？社交软件上的沟通也可算在日常交流的范围之内。如果每天都懒得和妻子交流，推脱道："太麻烦了，明天再说吧。"那明日复明日，何时才能真正做到呢。还有朋友觉得妻子和自己是一家人，想说话随时都能说。其实并非如此，不重视的思想会导致很多夫妻出现问题，让那个曾经和自己无话不谈的妻子渐渐成了最难以沟通的人。因此我们要通过一些简单随意的交流努力营造一个易于沟通的环境。

　　培养共通价值观的第二个重要做法就是：向对方传达自己的不适感，与对方进行价值观的磨合。因为夫妻二人价值观不同，所以伴侣的一些行为自然会让一方感到不习惯、不适应。当然我们无须事事寻求价值观的一致，但在事关婚姻幸福和子女幸福的一系列问题上就应该力求明确，寻求价值观的磨合与统一。

　　第三，如果出现价值观无法达成一致的情况该如何解决？出现夫妻双方都不愿让步的情况是非常正常的，这恰恰说明两个人都在为将来的幸福生活认真考虑。在事关未来的问题上，我们要努力在分歧中寻求相互理解。夫妻双方各退一步，找到一个折中的解决方法，或许还能找到一个夫妻二人共同认可的平衡点。

第四，向对方表明自己的价值观是幸福婚姻生活不可或缺的部分，那具体应该怎么做呢？我们要告诉另一半，什么能给自己带来幸福，什么能让自己开心，我们看重的是什么。只有双方都说出自己的意见，才能够进一步寻求确立共通的价值观。

和老婆相互认同的沟通步骤

步骤1　重视日常交流——培养共通的价值观

> 有重要的事找伴侣商量时，记得加上
> "我有点事想跟你说"这句开场白。

要想培养共通的价值观，就要及时将自己的心情和想法告诉另一半。在心中不快的种子生根发芽之前将心事告知另一半，可防止小事化大。

我们可以选择在吃饭时将自己对生活中各种事情的看法告诉妻子。但是在向对方表达自己的不开心时，一定要注意对方的反应。因为有些女性可能会表示："我吃饭的时候不想听这些烦心事，听了没有胃口。"遇到这种情况，可以借饭后和对方一同喝茶的机会询问对方："可以和你聊聊吗？"

我在和妻子商量一些不好解决的问题时，一定会提前告知她："我想跟你谈谈。"在妻子表示愿意倾听后我才会开口。这样她在倾听时就能做好心理准备，也能够更加理性地进行沟通。我之前缺乏经验，曾直接开口告诉妻子一些较为重大的事情，这种情况下妻子往往很难认真听我说话。

大家回想一下，自己在公司想和某人恳谈时，不也会自然而然地询问对方："您现在方便说话吗？"和妻子的沟通，也应是如此。

交流时，我们应该努力寻求价值观的统一，而非一开始就做好相互抱怨指责的准备。

其实在两人交往初期，就应该有意识地采取这样的沟通策略。要是长时间缺乏沟通，怒火会越烧越旺。当我们意识到两人的关系出现问题的时候，往往已经"火势汹汹"，这时候再想去寻求相互理解是非常困难的。

接下来我分享一下自己在寻求建立夫妻共通价值观时曾做过的尝试。有一次我对孩子发了很大的火，妻子见状便跑来打圆场说："你也不用这么凶吧。"之后我单独找妻子沟通："你知道我当时为什么那么生气吗？其实我有自己的用意和想法。以后如果你有不同的意见，可不可以私下告诉我，而不是当着孩子的面否定我呢？"

我就是通过这样的日常小事，来培养我和妻子共通的价值观的。

步骤 2 传达不适感的方式——不同价值观的磨合

与幸福相关的价值观需要好好磨合。

两个人在一起生活，就会有两套"内心准则"。所谓"内心准则"是指一个人的价值观、个人常识、假想、期待和打算。当对方的语言、态度、反应符合你的内心准则时，你就能够和对方产生共鸣，给予对方肯定；但是当对方的言行、态度和反应与你内心的标准发生冲突时，你就会觉得气愤和不适。

许多价值观的差异都会令夫妻产生不适，夫妻需要做的是在和幸福有关的价值观上寻求磨合统一。

例如，夫妻常常因为钱而闹矛盾。

2017 年 11 月，日本一家网站对全国 20 岁至 69 岁的 686 名已婚男女进行了有关"夫妻争吵原因"的调查。结果显示，位列夫妻争吵原因排行榜第一的是——金钱问题（27.8%）。

幸福感与花钱的方式有很大关系，要是夫妻在金钱观上无法很好地达成共识，两个人最终很可能分道扬镳。要是某一方无视价值观差异，在未和对方商量的情况下不停地"花大钱"，甚至动用本应该存起来的钱去做一些不好的事，就会引发夫妻间的争执。

金钱观上出现分歧时，最好及时将自己的不快告知对方。

无论是谁，做事都有他的道理和难处。因此，不论你是否认可他人的行为，请先听听他做这件事的理由再做判断。

请试着询问伴侣："你为什么要这么做呢？能让我听听你的想法吗？"但请牢记：我们的目的是了解伴侣的金钱观，而不是向对方发泄自己的不满情绪。所以我们要学会冷静地倾听，这样就可以避免让自己的烦躁情绪影响对方，防止发火，避免争吵。

如果你无法理解对方的想法，那就请将自己的想法告知对方，并和对方一起立一个规矩。比如"3000 块钱以上的花销需要报备"等。

但需要注意的是，任何规矩都要建立在双方认同的基础上。只要双方能达成共识，即使交流过程中有几句牢骚和抱怨也无伤大雅。但若某一方强行贯彻自己的意志，就容易引发矛盾。

刚结婚的时候，我把自己所有的工资都交给妻子保管。

一段时间后我问妻子家里有多少存款，没想到得到的回答竟是："几乎没有。"虽说这不能证明妻子在乱花钱，但多少也能反映出她的存款意识不够强烈。

于是我向妻子提议：由我负责存钱，妻子负责慎重地安排家庭开销。

之后我们还多次就存钱的问题进行了沟通：

因为我的月收入不固定，所以我向妻子提出了两种存款方式。一种是我每个月的存款金额随月收入变化；另一种是每个月存入固定的金额。妻子最终选择了后者。

夫妻的工作方式发生变化时，与金钱有关的各项决定也会发生变化。

奉行男主外女主内的时代已经过去，现在多数家庭中夫妻二人都有工作，两人会一起赚钱养家。

这就导致了这样一些现象：夫妻收入相当，各花各的，缺少有福同享的幸福感。此时，两人若要设立"家庭账户"，共同管理财产，就需先在金钱观上达成共识；若夫妻二人的消费理念不同，那就各自管钱，不强求金钱观的统一，如此也可以获得幸福。

我曾在新加坡住过六年。这个国家的男女都非常独立，几乎没男性一定要为女性花钱的说法。在新加坡，男女一起用餐时，即便男性表示要请客，女性也会提出各付一半——她们把这当作再自然不过的事。这个国家甚至还有夫妻根本不知道对方能赚多少钱的事。

在日本，随着工作的女性越来越多，大家的金钱观念也有所改变。十多年前的那种"男人负责赚钱养家，所以男人说了算"的价值观早已不符合时代的潮流。

其实不仅是金钱问题，在第二章中我列举了五个存在价值观差异的典型问题，夫妻在这些问题上都应该努力寻求价值观的统一。

步骤3　价值观无法达成一致怎么办？　——接受差异

把决定权交给妻子。

夫妻之间肯定存在一些互不认同的观点，甚至还有夫妻因为思想、信仰、宗教观、政治观等价值观的不统一而选择分手。我们要提前明确自己和伴侣在哪些价值观上无法达成统一。比如，我有一位朋友信仰某宗教，因此他很早就已明确：交朋友可以不考虑对方的信仰问题，但是结婚一定要找有共同信仰的另一半。

也就是说，只要不涉及原则性问题，我们就可以在某种程度上选择妥协。

我之前非常喜欢研究家装。给家里装修时，只要妻子与我意见相左，我就会尝试说服她。

但现在我选择不去较真儿。因为妻子待在家里的时间比我要多得多，所以不如按照她的想法布置，她会更舒心。就算我一开始不适应她的装修方式，慢慢也就看习惯了。因此现在我们两人再去选家居用品时，我只会告诉她我的意见，最终决定还是留给妻子来做。

八成事情要放下，只留两成好好商量。

一般来说，夫妻出现的矛盾主要有两种处理方式。当对方的行为使你感到不快时，你可以选择：

①不去斤斤计较。
②和对方进行协商。

因为夫妻二人的价值观不完全一致，所以想法与行为存在差异是理所当然的。

其实有时伴侣和你一样也会觉得某件事处理得不合心意，只是并没有每次都说出来罢了。而有时你认为不值一提的小事，伴侣却非要和你争出个结果。

婚姻生活中谁都会有为价值观差异困扰的时候，但正如我在步骤 2 中所写的那样，我们要在与未来幸福相关的问题上寻求价值观的磨合统一。夫妻二人要认真商议那些彼此在意的事情，放下那些不值得介怀的小事。按照"八成事情要放下，只留两成好好商量"的原则，处理婚姻生活中出现的问题，这样就可以避免大部分的矛盾出现。

比如，有位男士希望妻子能为自己做早餐。但是他的妻子早上总是睡过头，醒来慌忙收拾一下就赶紧去上班了。男士因此很不开心，但妻子并非是有意为之，她也没有察觉到丈夫的不快。

遇到这种情况，丈夫首先应该衡量一下这件事在自己心中的重要程度，即是选择"妻子不为自己做早餐也无所谓（放下此事）"，还是"希望妻子能为自己做早餐（在意此事）"。

对于夫妻而言重要的究竟是什么？

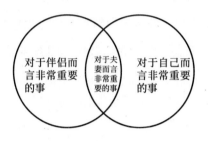

对两个人都不重要的事

　　要是丈夫决定放下此事，就可以采取丈夫自己做早餐、在便利店买早餐或吃快餐等方式解决问题。

　　要是丈夫在意此事，那就要先把自己的想法告诉妻子。就算不知道是否能得到妻子的理解并让妻子按自己的想法来，也要先尝试沟通。

　　但是要明白，只有妻子能决定她做什么、不做什么，不能因为妻子不按照丈夫的想法来就生气或者发牢骚。在表明自己的想法后，可以思考一下怎样才能让妻子自愿地满足丈夫的愿望，为丈夫做事。

夫妻生活长久，以后再遇到问题，只需问自己：是就此放下还是与伴侣进一步讨论？这样一切就显得轻松多了。

有很多人都会为没必要生气的事情生气。

我认识一位朋友，仅仅因为妻子做饭、打扫卫生、叠衣服的方法和他要求的不一样就经常对妻子发火。我细问后才得知，这位朋友是因为妻子和母亲在很多事上做法有别而感到不适应，才失控发火的。

来自母亲的影响使我的这位朋友被套上了心灵的枷锁，就连他妻子也无法轻易打开那把锁。这位朋友用自己的一套标准去衡量妻子，才导致他们夫妻二人争执不休。

还有些女性朋友不满于自己丈夫吃饭的习惯，或是嫌弃丈夫乱丢衣服、不爱收拾房间等，其实这也是因为丈夫的做法和她们的标准不一致。

希望有类似困扰的朋友可以重新思考一下：这些问题在你和伴侣将来的生活中真的那么重要吗？如果是非常重要的

事情，那就要认真商量解决；如果无关紧要，那就不必再斤斤计较。

如果我们把生活中的每件事都放在心上，思想的包袱就会沉重起来。如此一来，无法如愿的事情只会越来越多，心中的烦恼也会越积越多。并且烦恼只会招来更多的烦恼，它们像滚雪球一样越滚越大，这就是所谓"烦恼的复合效果"。最终你会变得不堪重负。

所以我们要勇于放下那些对我们而言不重要的东西，并在心里为其画上休止符，告诉自己："算了吧""不要再纠结于此了"。这个简单的方法能给你的生活带来巨大的改变。

在不断舍弃和放下的过程中，我们会渐渐看清真正重要的东西。学会不去介意，就是将人生从烦恼中解救出来的良药。

　　找出自己真正"介意"的事，抓住幸福。

我认为有四件事决定了我的幸福：

"与爱相伴的生活。""有意义的工作。""健康。""不为金钱发愁。"这些是我十分"介意"的事。

我花了很长时间，才认识到这四件事对于我的重要性。

在这之前，我兜兜转转了七年，都没有找到对自己而言真正重要的东西。直到 30 岁那年，我有两个朋友的父母相继去世，我突然深刻意识到，自己离死亡并不遥远。

我开始认真思考：

"每天、每小时、每秒……甚至每个瞬间，我都在逼近死亡。"

"如果我随时都有可能死亡，那我究竟为什么而活着？"

"我该做些什么，才能在将死之际回顾人生的走马灯时感到自己的一生是幸福的？于我而言幸福究竟是什么？"

"你为什么活着？"我问遍了身边所有的人，却没有得到令我满意的答案。

直到六年后我终于找到了能说服自己的回答。坂本龙马说:"人生在世,当有所作为。"也就是说人活着的意义,是为了实现自己的理想,成就一番事业,名垂后世,在这世界上留下自己的印记。

这世界上最简单、放之四海而皆准的成功法则就是:珍惜时间和生命。

但生气会减少寿命、浪费时间,是十分得不偿失的行为。换言之,生气会让人离成功越来越远。

把人生的宝贵时间浪费在生气这件事上,你难道不觉得可惜吗?让自己被愤怒的情感支配是十分愚蠢的行为。如果我们的人生充斥着烦恼、不快和愤怒,那将是多么的苍白无趣啊。

只要掌握了管理情绪的方法,就是找到了改变人生的诀窍。

因为管理情绪就等于管理人生。

于我而言,只要能较好地维持前文提到的四件事的平衡,就能够获得幸福。

有些人很快就能找到自己人生中真正重要的东西，有些人可能要寻觅很久。但不必心急，因为这本就是值得我们花费时间去思考的大事。等我们弄清楚幸福的具体含义后，就等于弄清了获得幸福的方法。只要有了答案，我们就可以将幸福的诀窍分享给伴侣，两人一起共筑幸福的未来。

比如我所说的"有意义的工作"这一点，既可以指夫妻拥有能够实现个人价值的工作，又可以指夫妻二人共同帮助孩子去追求有意义的工作。

因为我具体描绘出了幸福的蓝图，我就能够与另一半共赴幸福之约。只要明确了幸福的具体含义，我们的行为和决定就有了目标。这样我们就不会过分草率地做出决定，更不会因为一点点不如意就发脾气。

步骤4　交流自己的幸福观——使夫妻共通的价值观走向成熟

将自己的幸福感传达给另一半。

请你现在就尝试和伴侣交流一下自己对幸福的理解吧。

只有和伴侣事先明确这一点，才能防止夫妻付出的努力背道而驰。

我有一位男性朋友，他工作二十年来每天都坚持早上六点出门，晚上十一点回家，风雨无阻。后来在一次偶然的机会下他决定跳槽，便询问妻子希望他选择什么样的新公司。

在这之前他一直以为只有自己拼命工作、努力赚钱，才能让家人幸福。可没想到的是，他的妻子竟然表示："我希望你能在家附近的公司上班。只要你能早点回家，赚的钱只有现在的一半也不要紧。"

妻子甚至还表示："要是真有缺钱的那一天，我也可以去工作。"

这让我这位朋友震惊不已：这么多年来，他一直以为婚姻能幸福美满全靠自己早出晚归拼命赚钱，没想到妻子看重的并不是他赚钱的多少。

这个故事告诉我们，每个人对幸福的定义都不相同，我们自己定义的幸福，并不一定是家人眼里的幸福。

前文说到我将自己认为重要的事物:"与爱相伴的生活""有意义的工作""健康""不为金钱发愁",分享给了我的妻子。也正是因为她了解了我的想法,在遇到问题时我们才能更好地沟通解决。

有很多男性朋友理所当然地把自己看重的东西当作奋斗的目标,还列出计划努力实行,却忽视了将自己的想法与家人分享的重要性。这样一来,就很难真正获得伴侣的理解与支持。

其实我和我的妻子也并非从一开始就了解对方的想法。幸福观的交流需要我们分步骤完成,起初只需简单说出自己的幸福观即可,比如告知另一半自己看重的是什么。这是夫妻相互分享价值观时必不可少的步骤。在寻求价值观的磨合统一前,我们要先明确各自看重的事物对于今后的婚姻生活是否真的不可或缺,之后的奋斗才有方向。

需要注意的是,即使你和爱人对幸福的理解大相径庭,也不要抱着"我是对的,你的想法有误",或是"你并没有注意到真正重要的地方"等想法来苛责对方。

因为学会尊重不同的观点，是一切交流的前提。

婚姻生活中的很多争执都源于对伴侣"不同之处"的不理解。其实归根结底，还是因为我们抱持着"自己绝对正确"这一想法。

但我们何必纠结于辩出"对"与"错"呢？只要了解了对方的想法，不就足够了吗？就算另一半与我们的想法不一致，我们也不必太放在心上。因为我们已经达到了此次沟通的目的：了解对方。

开诚布公的交流有助于夫妻之间相互理解。在交流中你就会渐渐明白：什么是对方的底线，对方看重什么，不在乎什么。当我们尝试通过交流进一步了解对方时，我们和伴侣的价值观就自然而然地得到了磨合。

夫妻二人一致的想法越多，价值观就会越相近。当然，也并非每对夫妻从一开始就有着相似的价值观。但可以肯定的是，在与伴侣坦诚交流、寻求价值观一致的过程中，观念一定会变得越来越相似。

这一过程同样也是因人而异的，有些夫妻短时间内就能缩小价值观差异，达成一致；而有些夫妻则需要细水长流，慢慢解决横亘在二人之间的不同之处。虽说一切只是时间问题，但是如果不愿意在价值观的交流上花时间，那在一起的时间再长也无济于事。

在日常生活中坦诚地表达不悦。

第一章中我曾列举了数个女性对自己丈夫发怒的实例。分析这些例子可以发现，这些女性和丈夫之间大多缺乏基本的沟通，这才导致她们心中的怒火越积越多。

我曾在电车上遇到过这样一对夫妻：

夫妻二人似乎刚在饭店为妻子庆生结束，女方还收到了一个价值不菲的戒指作为生日礼物。正当夫妻二人聊得热火朝天时，丈夫突然提到自己之前拒绝了朋友同去喝酒的邀请，这时两人间的气氛突然变得奇怪起来。

我想丈夫是想强调：为了攒钱给妻子庆祝生日，他牺牲了与朋友一起喝酒的机会。但是妻子却说："你为什么不去和朋友喝酒呢？我希望你能和朋友们好好相处。"

"因为我没有钱。"丈夫说道。

"你没钱就不要给我买这么贵的戒指嘛。"

"我不是这个意思。"

"你去和朋友喝酒呗，没钱我可以给你啊。"

外人都能看出来这夫妻二人根本就是在自说自话。但是他们自己不仅没有意识到这一点，反而开始大声争吵起来。

不论平时的交流多寡淡，有些问题还是要夫妻二人商量着解决。有时候话题是关于钱，有时候是工作上的事，有时候是长辈的事，有时候是孩子的事。如果我们事到临头才慌忙尝试与对方沟通，很难商量出结果。

因此我们要未雨绸缪。如果我们心中对某事存疑，就代表此事的处理没有合我们的心意。这时如果话题与二人的幸福有关，就要抓住机会寻求沟通。

比如，此时要提醒对方："我们对这件事的看法似乎不太一样啊。"之后再根据对方的反应确定能否寻求价值观的统一。

要是无法达成统一，那就坦然接受差异，放平心态也能帮助我们消除烦恼。要是有望达成一致，那就要和伴侣好好沟通，一起寻求解决方法。

通过共同体验分享彼此的价值观。

分享彼此价值观的绝好机会之一，就是两人一起去感受世界。这时，另一半对其他人和事的评价，可能会引起你的共鸣。

另外，当另一半的感受无法引起你的共鸣时，你就会思考：对方会为什么事开心，又会因什么事生气。在共同体验中我们要做的不是追问对方，而是去努力适应另一半的那些"不同之处"。

反过来，有时对方也可能无法理解你的感受。这时请不要急着责怪另一半，而是试着乐观看待两人间的这些差异。

有一次我在餐厅吃饭时目睹了这样一幕：一位母亲对她大声吵闹的孩子说："别吵了，你这样妈妈觉得很丢人。"

我很好奇我的妻子对这位母亲的话有何看法。

在我看来，这位母亲说出"妈妈觉得很丢人"这句话时，说明她先想到的是自己，她没有考虑此事对孩子有何影响。

我对妻子说："我觉得这位母亲的做法不妥。"妻子回答道："我也这么认为。"

在这件事上，我和妻子对他人言行的评价是一致的。于是我借此机会向妻子提议："那我们以后就不要仅仅因为个人的喜恶干涉孩子的行为，我们应该站在孩子的立场上为他们考虑。"

"以人为镜，反躬自省"，观察他人的言行，可以帮助我们和伴侣增进对彼此的了解。

夫妻之间互相分享自己的价值观是十分重要的。婚姻生活中只要我们对彼此的价值观稍有了解，就可以避免许多矛盾，防止小事化大。

价值观四分法

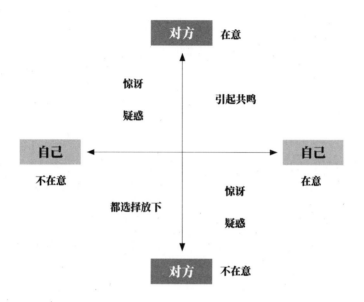

孩子教育问题上的价值观碰撞。

我认识一对夫妻，他们在孩子的教育问题上曾产生过分歧：

一天，夫妻二人带着孩子出门游玩，路上孩子收到了免费发放的玩具。孩子当场就想把包装打开，这时丈夫说："把玩具打开就不好拿回家了，还是回家再打开吧。"

妻子也附和道："回家再拆吧。"但是孩子表示："我很想知道里面装了什么，所以现在就想拆开。"

于是丈夫表示："你可以在这里打开，但那样的话你就要在这里玩完，把玩具扔掉，不要带回家了。你要是想留着这个玩具，那就忍着回家再打开。"

孩子表示"我明白了"，便打开了包装。

丈夫见状便说："那你就要在这里玩完，把玩具丢掉，没问题吧？"

妻子和孩子都表示同意。

但是他们回家后，丈夫却在背包中发现了玩具。

他问妻子，妻子说："因为孩子闹着非要把玩具带回家，她心一软就妥协了。"

丈夫意识到，很有必要和妻子沟通一下教育孩子的方式方法。

他认为妻子的这种行为是对孩子的溺爱，家长必须对自己说过的话负责。要是父母不树立好榜样，孩子就会认为"和别人的约定就只是嘴上说说而已，无须遵守"。

经过沟通后，妻子对丈夫的想法表示理解和赞同。

我认为这对夫妻的处理方式非常好。需要夫妻二人共同面对的问题，正是相互沟通交流、谋求价值观一致的最佳机会。

定期确认伴侣在意的事情

随着时间推移，我们在意的事也会发生变化。一直以来，我都没有考虑过自己的养老生活，但最近我觉得，是时候该认真思考一下这个问题了。我的孩子已经上初中，总有一天他会独立。而我和妻子的朋友也不多，说到底能与我携手度过余生的只有妻子一人。

等我年过七旬，万一有一天和妻子闹僵了，以后的生活该是多么孤独啊。我跟妻子说起自己的心事，并问她："要不试着培养一下我们的共同爱好？要是我们老了以后连个共同爱好都没有，生活肯定特别孤独。"

妻子很赞同我的想法，于是我们两人便开始寻找共同的爱好。

妻子提议一起打网球，但我表示自己不擅长。之后我们又提出了一起去健身房、每天早上一起竞走、一起去旅游等。

至于具体选择哪项活动，我们打算多讨论几次再做决定。

其实起初我只是随口提起了养老生活，并未期待和妻子进行更多深入的交流。没想到妻子十分认真地跟我讨论了起来。就这样说着说着，我发现我们已经自然而然地开始了价值观层次上的交流。

所以，当我们不太了解伴侣的价值观时，可以通过探讨你们共同在意的事来进一步了解对方。

互动：写下你的幸福观

金钱、工作、家庭、名誉、爱情婚姻、学历、健康的幸福感排序

请和伴侣尝试进行下述的互动游戏：

思考一下：金钱、工作、家庭、名誉、爱情婚姻、学历、健康这七要素在幸福生活中占有怎样的比重。请按重要程度对它们进行排序，最好将结果写在纸上。写好后和伴侣交换答案。

尝试过后你会发现，你和伴侣对这些要素的排序并不完全一致，你们的答案甚至有可能相差较远。

当然，我们不能因为伴侣和自己意见不统一就感到失落。而将自己的想法强加于人或断言自己绝对正确的做法也是不可取的，因为这样会让对方感到自己被否定了。

人生在世，能弄明白自己的想法就已经很不容易了。更何况人还有一个与生俱来的毛病，那就是不愿主动去理解别人、换位思考。让我们从现在起努力克服这个坏习惯吧。请尝试去理解他人，而非急于表达自己，这样我们在与人的沟通上，质量会提升。

通过小游戏了解伴侣的价值观

1	金钱	5	爱情婚姻
2	工作	6	学历
3	家庭	7	健康
4	名誉		

将上述七样要素进行排序

互相交流自己的排序

丈夫	妻子
1 健康	1 健康
2 家庭	2 家庭
3 工作	3 工作
4 金钱	4 金钱
5 名誉	5 学历
6 爱情婚姻	6 名誉
7 学历	7 爱情婚姻

请不要评价对方的顺序

花时间进行深度交流

我的一位前辈曾跟我谈起他和妻子的故事。

他们两口子已经结婚十几年了。一天，丈夫对妻子说："我感觉最近我们两人之间有点隔阂，不知道这是不是我的错觉。你怎么看呢？"对此妻子坦言自己也有同感，她还说出了对丈夫的不满。这让丈夫感到有些出乎意料，他表示："没想到我之前无意间说的话会让你这么不开心。抱歉，我不是有意的。"

"虽然你不是有意的，但你的话确实让我受伤了。"

"是我的错，我道歉。"

夫妻在婚姻生活中难免会出现一些小矛盾、小问题，如果我们总是拖着不愿解决，时间一长就会积攒出大矛盾。

我们在和人相处的过程中也会遇到一些矛盾，夫妻、恋人关系也好，朋友关系也罢，都会遇到这样或那样的问题。所以我们在相处时不要只关注轻松有趣的话题，有时候也要直面两人之间出现的隔阂，勇敢地把话说清楚。

再说回前文提到的夫妻二人。他们选择一边在餐馆共进午餐，一边探讨两人之间出现的问题，如此沟通了数次后，问题终于成功得到了解决。

共进午餐既不涉及喝酒的问题，也不会被夜色下的朦胧氛围影响思考，两个人可以冷静地交流。而且外出吃饭可以防止被孩子打扰。离开熟悉的家，置身于外面的环境中，两个人反而更能够静下心来好好交流。

他们夫妻二人的几次沟通颇有成效，如今他们已经达成了共识，以新的价值观一起面对今后的生活。

"不言自明"是妄想

夫妻交流的质量和相处时间成反比。一般来说，两个人在一起的时间越长，交流的质量越低。究其原因，大多数情况下都是"矫情"的心理在作祟。

夫妻二人在一起的时间一久，就容易出现"我不说对方也能理解我""对方肯定能懂我"的想法。

还有一种情况就是：放弃沟通。有些人并非觉得心事"不言自明"，与此相反，他们觉得即使自己说了伴侣也不会理解，因此便放弃了和伴侣沟通。

一对夫妻曾向我提及他们不愿沟通的原因：他们认为"沟通太麻烦了"。

诚然，夫妻二人会有各自的想法。但如果不沟通，就永远走不进对方心里。或许有人会说："不说话总比闹矛盾徒增烦恼好。"与其说他们是惧怕沟通出现问题，不如说他们是懒得去沟通。就这样，对问题视而不见，置之不理，选择了逃避。这些人自我安慰道："时间会解决一切。"

"不言自明"误区会导致什么坏结果？

我认识一位男士，他和妻子的关系很差，结婚仅半年两人就曾打算离婚。

男士抱怨道："刚结婚的时候我们之间出现的都是小矛盾。比如我看不惯她周末一整天都闲在家里，连卫生都不打扫。之后问题越来越多，也越来越难处理。"

男士对妻子有着诸多不满，妻子也对他有许多抱怨。但他选择了忍耐，期待着有了孩子后婚姻生活能有所改善。好不容易盼来了孩子，他的期望却落空了，他和妻子之间还是淡淡的。

他说："或许在外人眼中我们是幸福的一家三口，公园里我和妻子在一旁看孩子玩沙子，这本该是多么幸福的场景啊，但没人知道那时我和妻子是在谈离婚。"

男士向妻子提出了离婚，但妻子却没有答应。妻子是在一个父母离异的单亲家庭长大的，她坚称："不管发生什么事情都不能离婚。"

有一天，丈夫回到家，发现阳台上有什么东西在太阳下闪闪发光。打开阳台门后，他发现阳台上全是妻子摔碎的杯碟碗盏。

"我当时吓坏了。没想到我不在的时候她把杯子碟子什么的都给砸了。我站在阳台上，仿佛能听到杯子摔碎的声音。"

有一次丈夫回到家，发现妻子手握菜刀倒在厨房。

"但是我已经不在乎她了。在我眼里这不过是她装模作样的闹剧。"

这位男士越来越讨厌自己的妻子，他每天晚上都和同事们流连于各个酒馆，估计着妻子睡了才回家。他甚至开始害怕：不知道回家后妻子又会闹出什么动静。就这样，他患上了"回家恐惧症"，甚至整夜留宿在酒店。

而他的这些行为使他妻子更加焦虑，最后两人的关系恶化到了一见面就吵架的地步。

最终丈夫再也无法忍受这样的生活，选择了离家出走。几年后他和妻子办理了离婚手续。回忆往事，他对我说："直到最后我也没能鼓起勇气面对她。前妻之前摔杯子、手握菜刀倒在厨房，其实都是在拼命地向我传递信息，我却选择了视而不见。是我太过任性。"

他们究竟为何没能进行有效沟通呢？

根本原因就在于妻子抱有"他是我的丈夫，自然能明白我"，丈夫抱有"她是我妻子，肯定能理解我"等错误而任性的想法。

及时止损，从任性自我的情绪中走出来，自然是好的。但是在大多数情况下，人们只会因为对方不够理解自己而变得更加生气。这位男士甚至觉得逃避沟通就可以解决问题，这是完全错误的想法。

有时人们选择了逃避，却美其名曰"给彼此冷静的时间"。但要知道，在逃避时，人与人之间的关系会瞬间降到冰点。

要是有一方逃避，另一方就会细数对方之前的种种不是之处，矛盾反而会被激化。因此逃避沟通完全是火上浇油。而且沟通的要求被拒绝，会使想沟通的一方更加心烦意乱。

不断妥协的夫妻

有些争执和怒火会如前文谈到的例子一样，以暴力和分居等实际形式表现出来。但有时这些负面情绪会潜伏在我们看不见的地方。

接下来是一对假装"婚姻幸福"的夫妻的故事。

这对夫妻明明都很想生活得更加随心所欲，却不愿说出自己的真心话。他们都对另一半感到失望，却选择妥协，与另一半继续着如今的生活状态。

妻子表示：虽然知道离婚会过得更加自由，但是她已经和丈夫共同购置了房产，离婚实在太过麻烦。

在日本买房时，可以选择以"单独名义"或"共有名义"进行登记。

只登记购买者一人的名字，就是以"单独名义"登记。而在两人共同出资购买房屋时，就可以按照出资的比例进行"共有名义"的登记。

以共有名义登记有其优势，那就是可以按照夫妻二人各自的收入比例减免部分住房贷款。但是一旦离婚，就会涉及财产分割问题。若是夫妻中有一方想要卖房，另一方却坚持继续居住，那原则上房子就不能进行售卖。若想将以共同名义登记的房产转到个人名下，就需要获得金融机构的许可。而且，原本由两人共同负担的贷款也会转移到其中一个人的身上。

这位女士还对我说道："我和丈夫结婚 20 年，无性婚姻已经持续了 18 年。听我和丈夫共同的朋友说，丈夫找了一个比他小 20 多岁的情人，我也知道那个女人常来我家。

"而我也在和公司的下属谈恋爱。所以我和丈夫也算是彼此彼此吧。我们几乎不在一起吃饭，有时候一个月都说不上一句话。"

"我们就好像是拼房住的陌生人一般，从不过问对方的私生活。"

　　我还认识一对夫妻，他们两人约定等小儿子长到 20 岁就离婚。现在他们全靠孩子传话沟通，日常的对话就是和儿子说："你告诉你爸……""你给你妈说……"

中老年人离婚皆因沟通不足

有一个老生常谈的问题："下辈子你还会选择和现在的伴侣结婚吗？"某调查显示：20多岁的女性倾向于选择"仍和现在的伴侣结婚"，而50岁至59岁这个年龄段中仅有32.4%的女性选择"仍和现在的伴侣结婚"，而60岁至69岁年龄段中仅有33.3%的女性选择"仍和现在的伴侣结婚"。这一比例是很低的，因为日本的很多女性虽然对不顾家的丈夫感到不满，却往往因为丈夫在赚钱养家而选择忍耐。等到丈夫退休后，她们就不愿再为丈夫端茶倒水了，然后毅然选择离婚。

我认识一位女士，她和某家大公司的部长结婚后育有两个孩子。结婚以来她一直遵从着丈夫所谓"男主外女主内"的思想观念，努力做个好妻子好母亲。

但是她渐渐开始怀疑：这样的生活方式真的好吗？她每

天不仅要承担所有的家务活，还要等着给晚归的丈夫准备饭菜。有一天丈夫问她："我的衬衫哪儿去了？"她不过随口说了一句"我不知道"，丈夫就怒吼道："开什么玩笑，你说你'不知道'是什么意思？"

妻子愤怒地表示："要不是我在家里帮你照顾孩子，给你做饭、买东西，你哪能每天顺心地在外面工作呢？"

女士说出了自己想要离婚的意愿，已成年的孩子们纷纷表示支持。如今这位女士一个人生活在东京的一间小公寓里，白天学习画水彩画，晚上看戏剧、听音乐会，倒也乐得自在。

人到晚年，孩子们都已独立，此时如果妻子再离你而去，那你就成了孤家寡人。我就认识这样一位男士，离婚后他不愿承担烦琐的家务，只好靠便利店解决一日三餐。

他中午就吃便利店的便当，晚上吃便利店的关东煮配啤酒，第二天的早饭就是前一晚关东煮的剩汤配饭团。他说自己并不缺钱，却丝毫没有想要去一饱口福或出门游玩的欲望。听到此处，我的心底不禁生出了一丝悲哀凄凉之感。

我还认识一位男士，70岁那年他失去了自己的妻子。他正沉浸在痛失爱人的悲伤之中，却在葬礼上突然被妻子的妹妹告知：她要将姐姐的骨灰带走。小姨子对他说道："我是不会将姐姐的骨灰交给你的，姐姐之前说过自己不想和你合葬在一个墓中。"言毕还将他妻子亲笔书写的遗书拿给他看，上面的确白纸黑字写着：死后我想葬进老家的墓中。

就这样，小姨子从他手中夺走了他妻子的骨灰，离开了。后来恳求多次后，他终于从妻子的妹妹那里拿到了妻子的些许骨灰。小姨子把骨灰给他时放声大哭道："我姐姐真是太可怜了。"

如今这位男士的内心五味杂陈，他对我说："我一直以为自己和妻子感情和睦，也自以为让妻子获得了幸福。可事实似乎并非如此。事到如今我竟以这种方式得知真相，实在是太讽刺了。"

在听过无数男女讲述他们的婚姻经历之后，我陷入了思考：首先，世界上找不出价值观完全相同的两人。更何况男女间本就存在性别差异，价值观不一致是理所当然。

其次，有许多人因为"我和伴侣无法相互理解"的想法而放弃了沟通。其实，学会和另一半交流是婚姻的重中之重。要是夫妻二人对沟通问题视而不见，试图用逃避解决问题，婚姻往往难以长久。

"怕麻烦"意味着放弃幸福

两个人在一起的时间长短不同，闹脾气和放弃沟通的表现方式也会有所不同。

如果你和朋友闹僵了，可以选择从此不与他来往。

恋人间出现问题，也可以选择暂时分开一段时间。比如，各自冷静一段时间有时候也不是坏事，可以创造出"紧张感"，使人们得以重新审视两人的关系。

但这样的方法对于已婚人士而言并不适用。因为人们在婚后加深了对彼此的了解，甚至会看到伴侣身上很多不为人知的缺点。因此有一种观点认为：在婚姻生活中若想维护自己和另一半的关系，就要做到"不看""不听""不说"。

我也并非想要否定"不看""不听""不说"这种观点。只是我认为在某些问题上交流和磨合是必需的，我们不能逃避。直面问题才能使婚姻生活幸福长久。

不克服"怕麻烦"的心理，就很难真正获得幸福。我们若是一直抱着"怕麻烦"的心态和伴侣相处，幸福就随时有可能从我们的手中溜走。在我看来，这和主动放弃自己的幸福没什么两样。

当然，我们确实没必要把生活中芝麻大点的小事都拿来和对方商量。相反，生活中的大部分事情我们都可以采取"不看""不听""不说"的策略平和对待。重要的是我们要如沙里淘金般，从无关紧要的事情中找出少数真正值得拿来和伴侣沟通的事。

"至亲至疏夫妻"——婚姻中的"沟通术"

在美国留学时我曾借住在一对美国夫妇家里，我发现这家人的沟通氛围很好。

一次我对女主人说："您很重视和丈夫的沟通啊。"

女主人表示："沟通是理所应当的。夫妻是一辈子都无法真正读懂对方的，要是再不勤于交流那婚姻不就完了。"

时至今日，这段对话依然让我记忆犹新。

"夫妻一辈子都无法真正读懂对方"，所谓"至亲至疏夫妻"说的就是这个意思吧。

正因为我们努力假装自己读懂了对方，婚姻生活才会变得格外辛苦。相反，当我们以夫妻无法互相理解为前提去尝试沟通时，反而能够相互体谅。

我一直都认为沟通在婚姻生活中必不可少，妻子也与我抱有相同的想法。我曾问过妻子："你认为在什么情况下我们会分开？"妻子表示，要么是我们中有一方出轨的时候，要么是两人无话可说的时候。

前文中我已经谈到：把自己对理想伴侣的期待强加在另一半身上是行不通的。因此，我们要清楚地告知对方自己的期望，并和另一半明确你们能为对方做到什么、无法做到什么，以此来共塑两人共通的价值观。

人总爱看重回报。人们一旦发现自己对对方抱有错误的期待，就无法冷静。在我看来，所谓错误的期待，就是那些要求回报的期待。当然，期待着自己能够帮上谁的忙、期待自己能让某人开心是非常好的想法。但是一旦这期待中掺杂着对回报的渴望，人们就容易失去冷静。

我认为，对事物抱有错误的期待就是我们痛苦的根源。想想看，我们大部分的伤心难过，不都源于他人说的话、做的事，或别人未能遵守的承诺吗？

这都是因为我们对他人抱有了不该有的期待或信赖。当这份感情没有得到回应时，我们就会一厢情愿地认为自己被"背叛"了。

　　如果您也在为此困扰，那就请试试我在前文列举的四步法吧。

让老婆重绽笑颜的聊天技巧

技巧1　用有魔力的话语来填补沟通不足的空白

如果你正苦恼于不知道如何与妻子搭话，那就请试试接下来我所说的聊天技巧。一般来说，两个人结婚时间越久，说话的机会反而会减少。在婚姻生活中，我们常常会忽视另一半的想法和心情，从而导致夫妻二人"各过各的"，时间一长，夫妻间的价值观差异就会越来越大。

如果我们始终抱着"婚姻无须交流"的错误想法生活，就会导致夫妻间出现矛盾。

另外，固执地认为自己和另一半的关系可以"始终如一"，也是非常危险的。在和另一半缺乏交流的情况下，一厢情愿地认为对方"一定是这样想的"，或者"对方一定懂我"，更是万万要不得的。尤其是当夫妻二人中的一方认为"自己为对方付出了很多"，另一方则认为"对方什么都没为自己做"时，两人之间的隔阂就会加深，从而导致矛盾出现。

比如我遇到过好几对夫妻：丈夫以为自己在帮忙照顾孩子，可是在妻子看来丈夫什么忙都没帮。还有丈夫以为自己和孩子一起玩就是在帮助妻子看孩子，但妻子却认为现在是孩子睡午觉的时间，丈夫有空和孩子玩，不如出门给孩子买尿布。

这样一来二去，妻子就会发脾气道："你为什么不帮忙照顾孩子？"丈夫反驳道："我帮忙了啊。你倒是告诉我，究竟想让我帮你干什么啊？"两人开始争吵。因此，日常夫妻间的交流是十分重要的。

我们可以通过"你今天过得怎么样？"，或者"今天有什么新鲜事吗？"等语句开启与妻子的聊天。只要掌握这两句充满魔力的话，就不愁没有话题。在和另一半交流时，我们一定要注意倾听。拿我自己举例：我绝不会让电视的声音影响我和妻子的对话。在和妻子交谈时我会主动关上电视，以此来向对方传递自己想要认真倾听的态度。

技巧 2　和老婆聊天时的"禁忌"词汇

有魔力的语句能让聊天事半功倍，但有些词语却是和妻子聊天时绝不能提及的"禁忌"。

我在电视上看到过这样一个有趣的调查——"丈夫那些激怒妻子的话"前五名：

第五名：累死了。

第四名：就给这么点零花钱？

第三名：你为什么生气？

第二名：你早告诉我，我肯定会做的啊。

第一名：我还要上班呢。

据说妻子们对于排名第一的说法十分火大："主妇们一年三百六十五天，一天二十四小时都在工作啊！"此外，该电视节目的调查还显示：有63%的妻子平均每周会对丈夫发一到三次火。

日本人本身就不习惯将自己的心情和想法告诉他人，这并非是夫妻或恋人间才会出现的问题。日本是一个岛国，日本人世代生活在语言单一、文化单调的环境中，他们已然形成了"默会认识"（tacit knowing），即无须表达就能够获得理解的交流习惯。所以日本人常常认为人们无须交流就能明白彼此。

但在价值观趋于多样化的当下，默会认识这种认为心意不言自明的交流方式已然变得不再适用。

在世界的其他国家，人们一直处于多元的环境中，他们认为只有沟通才能促成理解。

我在接受一位外国医生的检查结果说明时，深切体会到了这一点。当时我的检查结果显示一切正常，如果是日本医生，估计会以一句"没什么异常"结束诊断。但那位外国医生却异常耐心地逐项向我说明了检查结果，详细到连我都开始怀疑：真的有必要跟我说得这么清楚吗？不过现在想想，他们是默认我对检查的了解程度为零，所以才会如此认真地进行说明。

技巧3　不善言辞就巧用聊天软件

要是夫妻二人平时缺少交流，等遇到需要一起商量的大事，就很难好好沟通。

有些夫妻私下很少交流。但就算是平日再缺乏沟通的夫妻，在生活中发生大事或者是迎来改变时，也少不了要商量。如果夫妻二人平时缺乏交流，那么这时沟通的难度就会加大。这种情况下贸然开口和伴侣聊一些十分重要的事，就会使话题变得格外沉重。

更何况当夫妻之间缺少适合聊天的环境时，就算一方下定决心开口，另一方也不一定有心情去倾听。因为两人都已然习惯了相对无言，开口说话反而会觉得不适应。

因此我常听到有人抱怨：

"我想和老婆说几句要紧话，可她根本不听。"

"跟丈夫沟通有什么用？他根本就不愿意听我说话。"

当婚姻中多次出现沟通不畅后，夫妻二人就会开始觉得：

"我和这个人根本无法沟通。"

"这个人根本不会听我说话。"

这样下去，两个人下次认真讨论的恐怕就是离婚的话题了。

因此，"闲聊"在婚姻中是非常重要的。在朋友关系和恋人关系中，闲聊是非常频繁的。正因为时常闲聊，遇到重要的话题才能顺畅地沟通。但人们在婚后闲聊的次数往往会减少。

我之前在参加孩子的活动时，遇到了不少一同前来的夫妻。我本以为这些夫妻一定非常恩爱才会双双出席。直到我得知一位太太常通过社交软件和离自己仅几米远的丈夫沟通，她的行为让我惊讶不已。

我问道："您和先生离得这么近，有什么话直接和他说不就行了？"

可是这位太太却表示："我们两个平时不怎么说话的。"

虽然我不了解实情，但我感到这与夫妻二人表面上给我的印象相差甚远。

在活动上我还结识了一对特别爱喝酒的夫妻。他们常和朋友聚会喝酒，两个人之间却很少交流。他们表示：我们遇到什么正事就会通过社交软件告诉另一半。

我想或许有些男士平时不善言辞，但是在社交软件上却能够和妻子很好地进行沟通。毕竟我们很少会为了闲话家常而和家人一起坐下来郑重交谈。因此选择社交软件进行日常交流也不失为一种好方法。虽说遇到重要的事情还是需要夫妻二人坐下来促膝长谈，但善用社交软件等工具将自己每天的想法和心情告知对方，将会给婚姻生活带来极大的好处。

近日谷歌公司开展了一项名为"亚里士多德计划"的研究，从中我们可以得到一些有关男女沟通问题的启发。

"亚里士多德计划"是美国谷歌公司推出的一项劳动改革计划，旨在探究提高员工工作效率的方法。该计划围绕公司职员间的交流进行了观察研究。

研究结果显示：对他人的关怀、同情、照顾和理解等心理要素是团队成功的重要因素。

比如，相比于一人发言全员倾听的团队，那些全组成员都参与讨论的团队往往更易成功。而那些讨论自由度高的团队并没有强制规定交流机制，正相反，自由讨论的氛围是自然而然形成的，这正是这些团队脱颖而出的关键。

但反观现在的日本职场，不少职员在发表意见前都会担心："我的意见会不会被其他成员嘲笑啊。""万一领导批评我的提议怎么办？"

打造成功团队的重点在于消除成员们心中的不安，营造安心舒适的团队氛围，努力让成员们获得心理学上所谓的"心理安全"。

也就是说，当员工在公司无须时刻注意区分个人情绪和工作态度、可以放心展现出真实的自己时，他们就有能力在工作中给予他人关怀和理解，这样工作效率也会大大提高。

其实两性关系也是如此，能够和对方畅所欲言的关系才是让人感到舒适的关系。这种可以畅所欲言的信赖关系在两性相处中十分重要。

开放外向的交流态度能使你与他人的交往进行得更加顺利。人与人的关系遵循"对等法则",这也被称为"互惠规范"原则或"镜子法则"。该原理认为,只要与人为善,你也会收获他人的善意;你的主动会换来对方的主动;只要敞开心扉,你会获得他人的坦诚相待。

技巧 4　天下所有老婆都爱被人夸

在这里,我建议大家把自己和妻子日常对话的内容从"我干了什么""最近我身边发生的事""我当时的感受"变为"你干了什么""最近你身边发生的事""你当时的感受"。

也就是说,丈夫要学会向妻子提出问题。这样妻子就会感受到你对她的关心。尤其是家庭主妇,在育儿过程中她们真的非常需要有人陪自己说说话。

或许你会觉得即使自己不问,妻子一回家也会说个不停。但是请你一定要养成提问的习惯。

向妻子发问的前提是,你真的关心自己的妻子。

大到发型服装，小到口红颜色，女性的装扮会有很多变化。你要关注妻子的变化，并通过语言表达出来。我虽然不会专门说些奉承话来取悦妻子，但当我发自内心地感到妻子很漂亮时就一定会夸奖她。比如："你穿这件外套真好看，在哪儿买的？"等。

人人都爱听别人夸自己。在商务场合，人们会通过夸奖对方来表达对商务伙伴的关心。"您的名片真好看啊"等简单的话语，就能够让气氛轻松起来，和商务伙伴的交流也会更加顺利。

除了赞美之外，我们还可以选择将自己日常生活中感受到的些许变化积极地传达给对方。

比如我妻子前些天晚饭时做的汉堡包味道与平日稍有不同，我便有意开口问道："这和我们平时吃的汉堡包不一样啊？""你吃出来了？"妻子立刻顺着我的问题说了下去。虽然妻子只是放了不同的调料，进行了些许调整，但她会因为我注意到了这细小的差别而惊喜万分。

技巧 5　有时"废话"才是"要紧话"

　　最近有越来越多的妻子表示：丈夫回家后沉迷于游戏，和他搭话也是一副心不在焉的样子。有许多夫妻都因老公沉迷于游戏的问题而争执不休。可在丈夫看来，自己并非不关心家人，只是工作压力太大想玩游戏放松一下而已。

　　其实不只是丈夫需要自由支配的时间，妻子也是如此。即使结婚了，人们也希望伴侣能够尊重自己独处的时间。

　　想要解决此类问题就需要夫妻二人推心置腹地进行沟通。可不要小看玩手机的问题，它反映出的是夫妻双方的价值观差异。

　　遇到这种情况，丈夫可以在睡觉前和妻子聊聊，说出自己的心声："我一回家就一直抱着手机，这可能会让你不开心。其实公司有一项时间很紧的大项目，我白天连喘口气的机会都没有。或许在你眼里玩手机很无趣，但它真的是我喘息的机会。所以我希望每天睡前能有一个小时独处的时间。"虽然我不能确定有些妻子听完这些话后会作何反应，但是我想她们在明白自己的丈夫沉迷于手机是事出有因后，烦躁的情绪会比之前有所缓和。

忙于工作的夫妻二人往往难以抽出时间促膝长谈。当你想和妻子沟通时，就可以将"偶尔好好沟通一下怎么样？"写在便签上，贴在对方能看到的地方；也可以写得更具体一些，明确谈话的内容和时间。比如："我想和你谈谈孩子在学校的情况，晚上睡觉前能聊五分钟吗？"等。

相比于讨论家中的大事，我现在更注重和妻子闲聊的时间。我会趁着孩子晚上 6 点到 8 点去上补习班时，邀请妻子出去喝酒。喝酒后人们往往会避开特别严肃的话题，只会有一搭没一搭地闲聊。

我还会创造机会和太太约会。现在我们的孩子已经上小学了。有时我们会把孩子送到爷爷奶奶家，请他们帮忙照看。前些天我和妻子就去了东京西麻布地区的一家不错的酒吧约会。我希望有越来越多的夫妻可以享受约会的愉快时光。如果不方便将孩子交给父母照顾，也可以请一位保姆代为照看。虽然请保姆要出钱，但是你们夫妻可以静下心来好好说会儿话，我认为这笔支出是十分值得的。

技巧6　多说"谢谢"不吃亏

我常听见有男士生气抱怨道:"我工作已经那么累了,回到家还要分担家务,还要哄孩子睡觉。我帮妻子做了这么多,却换不来她的一句谢谢。"

如果你也希望听到另一半说谢谢,那就要先学会开口感谢对方。

夫妻二人在一起生活的时间一长,就容易把凡事都看作"理所当然",逐渐忘记对另一半心怀谢意。

看到这里或许会有人觉得:一家人还说谢谢也太见外了,干吗非要整得这么小心翼翼呢? 可我认为,想要婚姻生活圆满,就要把"谢谢"挂在嘴边。

有句话说"亲兄弟明算账",即使亲如家人,也不能忘记礼貌相待。妻子和孩子都是拥有人格的,他们绝不是你的附属品。所以当他们为你付出时,你说一句"谢谢"是理所当然的。

比如,我每次泡完澡出来都会换上棉拖鞋。可是有一天洗完澡后我却找不到鞋子了。第二天我发现是妻子帮我把鞋子刷了。要是以前，我肯定会默默在心里感激妻子，却总忘记把谢意说出口。而现在我会在第一时间告诉妻子："谢谢你帮我把鞋子刷干净。"

如果你平日和妻子缺乏交流，想要聊天却不知如何向妻子开口，可以通过一句"谢谢你"，拉近与妻子的关系。

妻子帮你备好泡澡的热水时，妻子为你做好晚饭时……婚姻生活中有太多机会让你感谢家人对你的帮助，请一定要抓住机会，向对方传达你的谢意。

一开始妻子可能并不接受你的谢意，反而会直言"你就是嘴上说得好听"，或是对你的感谢之词反响甚微。但请坚持对妻子说"谢谢你"，时间久了一定能看到改变。

有一位女性就曾告诉我，就是丈夫这句看似不起眼的"谢谢"，让她受到了鼓舞。她觉得自己得到了丈夫的肯定，付出的努力也没有白费。因此每次听到丈夫的"谢谢"，她都会感到十分开心。

技巧7　故意问老婆自己哪里惹人嫌

我认识一对新婚不久的夫妻。丈夫从小就有一个习惯：一边泡澡一边刷牙，妻子却对此感到无法接受。她不敢相信丈夫竟然把牙刷这种放进嘴里的东西带到浴池，这让她从生理上感到排斥。

但是妻子并没有将自己的不适感告诉丈夫，只是生闷气。从此，妻子眼里渐渐只剩下丈夫那些讨厌的行为：

"竟然把吃过的话梅核丢进茶里。"

"竟然会把鼻子凑在齿间刷①上闻。"

"竟然会把拔掉的头发放在书桌上。"

妻子虽然很反感丈夫的这些怪习惯，却从没有和丈夫提起过。她认为这些多年来养成的习惯在一朝一夕间是无法改变的。

有一天，这位太太的朋友来她家做客，夫妻二人和朋友一起喝酒聊天。没多久，妻子和自己的朋友开始互相吐槽各

---

① 齿间刷：为清洁牙间隙而专门设计的小型牙刷。

自丈夫的"怪癖"。酒醉之下妻子说道："我丈夫竟然会在泡澡的时候刷牙。"丈夫随口问道："是吗？"

"是啊，你一直这样。"

"很奇怪吗？"

"也不是说奇怪。主要是把牙刷带到浴池会沾上很多细菌，不太卫生，对身体不好。"

"是吗，那我以后不再这样了。"

丈夫立刻改掉了泡澡时刷牙的习惯。妻子表示："早知道这么容易改变，我应该早点和他说的。"

或许正在看本书的你也有某些无意间养成的习惯，让妻子为之烦恼不已。女性们尤其担心向丈夫指出生理方面相关的问题会伤害到他，所以往往会选择沉默。因此做丈夫的要主动问自己的妻子："我有什么讨人嫌的地方吗？有的话请告诉我。"或者"我有什么不好的习惯让你感到不适吗？"等。只要丈夫主动询问，妻子就会更好开口。这不正体现了你作为丈夫的温柔吗？

第五章

对付暴怒老婆的制胜法宝

不和正在气头上的老婆较真儿

有道是"吵架总是老婆对"，争执中男人往往很难说赢女人。常有丈夫会因为妻子的一句难听话而突然暴怒，不受控制地还口或砸东西。其实愤怒是可以控制的，多年来我总结出了一套"不生气的方法"，并将其分享给了许多人。在我看来，只有丈夫学会了这套方法，婚姻生活才能圆满。

或许有人会说："既然妻子动不动就发火，那让她学不就行了！"我的确也希望已为人妻的女性朋友们能有机会阅读本书。但是我们不能要求包括妻子在内的任何人按照我们的想法来。而且我相信，相比于改变妻子，改变我们自身能够更加有效且快速地改善夫妻关系。

"不生气的方法"中最重要的一条就是："不做出应激反应"，也就是说男士们不要"一点就着"。

妻子生气指责你时，可能会说出一些不中听的话。这时请各位男性朋友控制住自己，不要较真儿生气。

此时若是用男性擅长的讲道理的方式去和妻子理论，反而会火上浇油；而尝试和妻子说理也只会适得其反，激起她的对抗心理。

老婆发火时的三种处理方式

被人指责或受人伤害时，人们当场做出的回应往往是愤怒的产物。所以我们要给自己一点时间冷静下来。但困难之处就在于，我们往往习惯于不假思索地加以回应。

人脑中有"思维区"和"感情区"。"思维区"通过联想将不完整的信息拼接在一起，做出合理的判断。而"感情区"传递的则是大脑最原始的诉求，比如：饿了想吃饭、累了需要休息等一系列生理上的需求。

发火前倒数六个数

当感情区在大脑中占上风的时候，人就会变得易怒暴躁。因此与人发生争执时，我们要留出 6 秒至 10 秒的时间让大脑的"思维区"工作，这就是所谓的"stop thinking"（停止发火）。具体做法是，在我们感到愤怒的瞬间，心中默数六个数。这个简单的方法可以帮助我们在短时间内摆脱愤怒情绪对大脑的控制。

生气时选择暂时离开

我们生气时可以选择暂时离开，这样我们就可以防止自己的大脑因愤怒而失控。

当你在与另一半的沟通中感到生气，或感到对方正在生气时，可以选择暂时从愤怒的旋涡中脱身。你可以借口"抱歉我去个厕所""啊，我忘记浇花了，等我几分钟"暂时离开。之后给自己一点时间向窗外望望或者到外面深呼吸一下，让自己和对方都冷静下来。

身体和情感是一个整体，当你置身的环境发生变化时，心情也会随之发生变化。

烦躁时请看看别处的风景

烦恼和不安容易导致焦躁，凡事太过于较真往往容易招惹烦恼。较真的人常常以"不把这件事解决，自己就无法前进"的观点看待生活中的烦恼。这些人将自己逼得太紧，面对烦恼没有给自己留任何余地，这样就容易产生焦躁之情，使人被感情驱使。我建议这些朋友可以暂时"看看别处的风景"，给自己一个喘息的机会。这就是我们常说的"关注点转移"。

我们可以在午休时去自己不曾光顾过的咖啡店坐坐；也可以选一条和平时不同的路线上班，可以在与往常不同的车站下车走一走；也可以去不同的店里买东西。

我们还可以通过拉开自己和伴侣的物理距离来实现关注点转移。如果你和伴侣正在同居，可以搬到朋友家或去酒店暂住几天。想要"眼前的风景有所变化"，就要和平时的生活区别开来，比如可以去尝试：

① 做自己没做过的事。
② 尝试没试过的挑战。
③ 做些让自己稍感压力的事情。

这些方法是为了避免我们在发生争执时当场做出过激的反应。人只要能够冷静下来，就可以心平气和地与人进行沟通，包括自己不生气。

自己的心情自己决定

　　精神科医生、心理学者维克多·E.弗兰克尔在《追寻生命的意义》一书中详细描述了自己在纳粹集中营中的经历。书中有这样一段话：

　　"人所拥有的任何东西，都可以被剥夺，唯独人性最后的自由——也就是在任何境遇中选择自己的态度和生活方式的自由——不能被剥夺。"

　　也就是说，不论我们身处怎样极端的环境，都能够自己决定内心情感的表达方式。

　　所以与其说是他人让你烦躁或气愤，不如说是你自己选择了烦躁或气愤。

　　相信大家都有类似的经历：当你被 A 指出错误时会感到生气，但同样的话由 B 来说你却完全不会生气。而几天后，

B 又跟你说了和之前一样的话，这次你却感到不快。

这说明我们会根据对象的不同选择不同的情感。

新婚时如胶似漆的夫妻二人，可能会在结婚几年后变得水火不容、见面就吵。与其说是因为伴侣做了什么错事，不如说是我们早已下定决心要和对方争吵。我们不能为了将自己的这种行为合理化，就把一切都怪在对方头上，这本质上是一种逃避。

我们是无法消除焦躁和愤怒等负面情绪的。其实给我们带来烦恼的负面情绪本身无所谓好坏，因为每个人心里都会有负面的情绪。

人生在世必有喜怒哀乐，只要我们能够恰当利用负面的情绪，就可以让它成为我们成长过程中的动力，并发挥不可替代的作用。虽然负面情绪难以断言好坏，但其表现方式却有高下之分。究竟如何表达负面情绪，需要我们自己来判断。

我认为有八成的"焦躁"和"愤怒"都是非必要的。让我们努力摆脱这些无用情感对我们的操控，并尝试将剩下两成有用的"焦躁"和"愤怒"以正确的方式表现出来吧。这样我们就做到了情绪管理。

经常有人问我，要是愤怒时不把怒气宣泄出来，会不会导致压力增大？我认为抱有此疑问的朋友们还未明晰生气与压力之间的关系。人在未如愿向对方传达信息时就会感到压力。这样的压力会越积越多，人就会感到愤怒，从而陷入压力和愤怒的恶性循环中。因此在某种程度上，当妻子的某句话激怒我们时，就算我们图一时之快骂回去，也并不能解决任何实际问题，更不能将我们真正的想法告知对方。毕竟沟通的目的不在于争吵，而是将自己的真实想法告诉对方并寻求改变。

谁都有自己的原则

人究竟为何会感情失控？原因就在于我们内心的那些"条条框框"。我在前文中曾提到，这些内心准则包括"价值观""个人常识""固有观念""设想""期待""打算"等。内心准则的数量和程度因人而异。有人对自己的要求多，有人对自己的要求少；有人对自己的要求高，有人对自己的要求低。

在生活中，他人的言行态度就如看不见的"球"一般朝我们的内心飞来。要是对方抛过来的球可以顺利通过我们内心的"条框准则"，我们就会表示接受或赞同。但要是对方的言行或态度被我们定下的规矩准则挡在心外，我们就会感到不高兴，甚至发怒。

我上学的时候曾做过硬摇滚乐队的主唱。喜欢硬摇滚乐的人会夸奖我的演出"震撼人心""非常刺激"，但在不喜欢摇滚乐的人看来，我的演唱"刺耳难听"，"还是闭嘴的好"。

将同样的音乐放在不同的标准下审视，其反响也会有所差别。

之前我们谈到人心中的"条条框框"是人们的"价值观""个人常识""固定观念"等，其实说白了就是我们自己给自己立的规矩，是我们内心"应该怎么做"的原则。

如果他人的表现与我们心中的规矩不相符，我们的感情就容易失控。

"应该这么做"的想法会使感情失控

我们定下的规矩越多，感情就越容易失控。另外，就算我们定下的规矩数量少，但要求过高，也是容易使情感失控的频率上升。

想必你心中一定也有一些自己定下的规矩吧。

我们要求伴侣这样做或那样做，其实也是在用自己的规矩要求别人。比如：丈夫就应该早点回家和妻子一起吃晚饭、妻子就应该等丈夫回家后再睡等，都是我们自己定的规矩。

妻子发火时的灭火锦句

我们心中的"条条框框"并不是一成不变的，这些规矩会受我们心情和身体状况的影响而变化。它们时多时少，时紧时松。

比如，疲劳和饥饿会在很大程度上影响我们心中的这些规矩。因为人只有在有余力的时候，才能关心体贴他人。

所以我认为"不生气的方法"的终极奥秘就在于"睡觉"。大脑感到疲劳时，我们就会变得疲惫易怒、无法体谅他人、排斥麻烦。而睡个好觉，将大脑"重启"之后，我们甚至会为自己之前的生气行为感到诧异。

所以我们可以和伴侣约定：相处时若感到不快，就给彼此一些休息的时间。如果你感受到了另一半的不快，可以主动开口建议："你稍微躺下休息一会儿吧。"或者"你喝点什么休息一下吧。"

充足的休息会让人们心中的条框放宽，对另一半言行态度的容忍度也会随之提高。对于那些曾使我们不快的言行，我们也会选择"睁一只眼闭一只眼"的态度不去计较。

　　相反，要是我们心中的条框因为某些原因突然收紧，那么即使是平时我们不曾在意的小事，也可能成为不快或愤怒的导火索。

　　这就是为什么伴侣同样的一句"你这个傻子"，有时在我们听来饱含爱意，有时又让我们感觉充满蔑视。

　　也就是说，我们的心情和状态不同，对于同一件事的处理方式也会有所不同。有时我们会选择不去计较，有时我们又会选择暴跳如雷。所以说到底，不快与愤怒是由我们心中"条框"的宽窄程度决定的。

　　只要我们学会不生气的方法，放宽心中的那些条条框框，就能够减少感情失控的次数。

让我们不开心的只有我们自己

常有人觉得：妻子总是说一些让自己生气的话。那么我们就先假设自己的不快是伴侣的言行所致，即：妻子将不快与愤怒"给"了你。但事实真是如此吗？难道不是我们自己选择了用"生气或不生气""发火或不发火"来回应对方的言行吗？

"她做了这样的事，我应该生气。"

"她说了这种话，我应该发火。"

正因为我们习惯将自己的感情和对方的言行绑定，才会对他人发火或生气。

其实单纯的行为背后并没有更深层的含义，是我们赋予了其意义。并不是任何事情都能使我们感情失控，这说明我们在看待事物时，是可以选择"不生气""不烦恼""不消沉"等态度的。但有时我们却想都没想，就选择了"生气""烦恼"或"消沉"。

"责任"一词在英文中写作"responsibility"，是由"response（反应）"和"ability（能力）"组合而成的词汇。即反应加能力就是责任。这是什么意思呢？这说明，根据自己的能力做出反应是人的责任。

当人们遇到不开心的事情时，往往容易将原因归结在他人身上。其实开心与否都是我们自己的责任。

还是那句话，事情本身并没有什么深层的含义，是我们看待问题的方式决定了一切。

美国小说家欧·亨利的代表作《麦琪的礼物》讲述了这样一个故事：

圣诞节前夕，一对贫穷的夫妻为了送对方一件圣诞节礼物设法筹钱。丈夫吉姆有一块祖传的金怀表，妻子德拉为了给丈夫买一条表链卖掉了自己引以为傲的秀发。而不知情的丈夫吉姆典当了自己的金怀表，买下了妻子一直想要的玳瑁梳子，没想到剪掉头发的妻子已经不需要了。

这个故事之所以被传为暖心佳话，是因为这对夫妻优秀的处事方式。《麦琪的礼物》也被译为《贤人的礼物》，文中夫妻二人给予对方的关怀是真正的"贤人的礼物"——正是这份关心加深了他们之间爱的羁绊。

要是夫妻二人只想着自己的心意，得知真相后妻子认为："我用头发换来了表链，你却把表当了。"丈夫觉得："我用表换来了梳子，你却把头发卖了。"那两人之间免不了会出现矛盾。这样下去二人的婚姻可能就以惨淡收场为结束了。

我在本书中多次强调：我们眼前的事实、已经发生的事，并没有什么深层含义。我们可以选择生气、消沉，也可以选择不受任何影响。同样，可以选择成为我们爱他人的理由。

我刚结婚时曾对妻子发过一次火，从那以后我决定不再和妻子生气。到今天为止我再也没有情绪失控过。哪怕是生气，也是在我认为需要表达愤怒的情况下，在可控范围内进行的。

有时我也会不开心，但我从未将这种不快直接宣泄出来。我常常对妻子说："人可以决定自己要不要生气，我选择不生气。如果你有什么不同意见，我欢迎你提出来与我讨论。但我认为单纯的情感宣泄并不能解决任何问题。"

妻子也对此表示理解。因此我们现在很少吵架，有什么事情都是两个人商量着解决。

幸福从未走远

幸福究竟在哪里？其实幸福从一开始就在你的心里，从未走远。幸福从不是他人带来的，而是你自己感受到的。你幸福与否，完全由你自己决定。而婚姻幸福与否，由你和伴侣共同决定。

如果你的妻子常常发脾气，而你选择不去计较生气，那婚姻生活中的烦恼就能减少一半。这时你将有精力为对方考虑：妻子为何会生气，她是不是累了？她工作上是不是有什么不顺心的事？等等。

你一个人的改变，就能为你们夫妻二人创造冷静思考、努力沟通的机会。

手握内心方向盘的只能是你自己

那么愤怒和烦恼究竟从何而来呢?

其实没有人能替你做主,让你生气。说到底,幸福、快乐也好,消沉、痛苦也罢;心力交瘁也好,内心受伤也罢;自卑也好,自信也罢,这一切感情都来源于你自己。

为什么我们会觉得是伴侣扰乱了自己的内心呢?这是因为伴侣"夺走"了我们对自己内心的掌控权,我们的内心在被另一半随意支配。

我一直注意要将控制内心的方向盘握在自己手里。所以我很少会生气、会烦恼或感到消沉。

试着改变关注点

——试一试将关注重心从消极事物转变为积极事物

接下来我将为你介绍情绪管理学中最具代表性的一种方法——关注点转移法。

根据我们看问题的角度和方式不同，所看到的内容也会有巨大差别。

假设我买到了一个被人咬了一口的甜甜圈。如果我只关注被咬掉的那部分，就会感到生气："究竟是谁吃了我的甜甜圈？"但如果我关注剩下的部分，就会庆幸："还好没有被吃光。"

通过甜甜圈的例子，我们可以悟出日常生活中许多烦心事的成因。

在前文中我提到，自己曾经用"恐怖、恐吓、独断"的 KKD 魔鬼管理法要求自己的下属。因为我曾认定，帮助下属完成他们的目标就是上司能够给予下属的最大帮助。所以只要能够让下属完成目标，上司不论做什么都是正确的。那时我每天对下属都是一副不耐烦的样子，常常发火。我会因为一点小事大声训斥部下："蠢货！你还想不想干了？"发火的时候我还朝他们扔过笔，甚至踢飞过办公室的垃圾桶。

当时如果员工迟到，我的惩罚措施也十分严厉：我会对迟到的员工大发雷霆，当着所有人的面批评他。但自从我转变了关注的重心，就停止了这种做法。我不再盯着迟到的员工不放，而是去选择关注那些努力按时来上班的人。

我意识到，如果将自己的大部分时间和精力都放在迟到的员工身上，那就对不起那些努力工作的员工，我这样做是不合理的。

而且当我反思自己为何会苛责迟到的员工时才发现，其实一切都来源于我内心的恐惧。因为我害怕一旦自己原谅了那些迟到的人，其他按时来上班的员工就会认为："他迟到都不会被批评，那我以后稍晚来一会儿也没事吧。"从而导致公司没了规矩，管理困难。

我反省后意识到：自己应该更加信任下属们。其实一直以来把迟到这件事看得比什么都严重的不是别人，正是我自己。之后我就再也没有那样严厉地训斥过迟到的员工。我改变做法之后，公司迟到的人数并没有发生明显的变化。不过，因为我不再对大家乱发脾气，员工们工作的积极性反而提高了。因此总体来看，我们部门在向着更好的方向发展。

还有一则有关"转变关注重心"的故事让我十分感动。

这是发生在冲浪运动员贝瑟尼·汉密尔顿女士身上的真实故事，后来她的这段经历被改编为电影《灵魂冲浪人》。女主人公贝瑟尼在夏威夷长大，她的父母和两个哥哥都是冲浪运动员。在他们的影响下，贝瑟尼从小就憧憬着成为一名冲浪运动员。但13岁那年她遭遇了一场意外：在一次冲浪练习中她的左臂被鲨鱼咬掉了。当时她身受重伤，失去了近60%的血液。可出院后没过多久，她便毅然决然地重返冲浪场。之后她不仅在全美业余冲浪比赛中赢得了冠军，甚至还参加了职业冲浪联赛。

采访时，当被问及"你怎么看待自己失去了一条胳膊"时，贝瑟尼表示："如果我没有失去左臂，就不会受到这么多关注，我的故事更不会被拍成电影。"

贝瑟尼将悲剧转化为帮助她进步的力量，她那对目标的专注程度令我震撼。

伴侣是你镜中的倒影

婚姻中，我们要注意自己的关注点在哪里。

如果我们忽视了生活中绝大多数令人满意的事情，只纠结于仅有的一点不圆满，就容易时常发火。这是因为我们的心中装满了消极的东西。这时，我们只能看到另一半没能为我们做到的事情，却忽视了另一半对我们的付出。

假设昨天你和妻子刚吵过架，今天妻子给你准备的便当就一改往日丰富可口的饭菜，变成了白米饭配咸菜。这时你也不必发火赌气，更没必要跟饭菜过不去，请多想想妻子平时对你的好。再比如，我们无须因为妻子的一句"你什么时候能升职？"就觉得她是在给我们施加压力，更不必为此发火。我们完全可以把这看作妻子认为我们大有可为的表现，愉悦地回应她的信赖。

妻子的缺点也是你的不足

为何伴侣的缺点在我们看来格外扎眼呢？

这是因为伴侣的缺点在我们身上都可以找到影子，又或者我们之前就曾有过类似的缺点。比如：顽固不愿妥协、爱多嘴、看不到自己的不足，却爱对他人指手画脚等。

当我们缺少对他人的体谅和包容时，另一半的缺点在我们看来就格外碍眼。如果你感觉自己总盯着另一半的缺点不放，那请静下心来对比对方的问题，在自己身上找找原因。或许你就能找到自己和对方身上一些共通的问题。然后你就会意识到，让自己不快的不是妻子，而是自己。

不要抓着妻子的缺点不放，要试着关注她所做的事

当我们将关注重心从人转换到事上时，我们看待问题的方式就会改变。

比如购物结账时，有很多人会因为收银员动作不麻利而感到不快。但我们绝不是在了解收银员的人品后才生气的，我们只是因为收银员没有做好他的本职工作而生气。换言之，我们并不是对收银员发火，而是在对收银员做的事发火。

这就是我所说的"将关注重心从人转换到事"，即"批评对事不对人"。

我和妻子婚前相约的第一次旅游她就迟到了。我这人天生性子比较急，所以她没有按时赶到让我十分生气。而且当时手机还未普及，我根本联系不上她。

30 分钟过去了，妻子还没有来。我当时满腔怒火，心里想的都是："气死我了，我现在回去算了。""气死我了，等她来了我要大吵一架直接回家。"

但是等着等着，我渐渐开始审视自己：

"我为什么会这么生气呢？"

"实在生气的话直接回去不就行了。既然我选择在这里等她，说明我还是想和她一起去旅游的啊。"

"我刚刚一直在为她迟到的事情生气。其实怎么跟她玩得开心才是现在最应该思考的事情。"

就这样，我意识到就算自己再生气也无济于事。一个小时之后，妻子终于来了。我心平气和地问她："你还好吗？发生什么事了？"语气平静到连我自己都觉得不可思议。

"不好意思啊，我们难得一起去旅游，我想打扮得好看一点。刚刚又是挑衣服又是化妆的，就迟到了。"

说实话，我听到妻子这番话心想："选衣服竟然能花一个小时？"但我明白如果自己再纠结于这种事肯定又要发火，便下决心将关注重点转向自己想和妻子一起去旅行这件事本身。于是我回答道："是吗，能见到你真是太好了。"我选择了不去计较，让我和妻子获得了愉快的旅行。

要是我选择一直生气，见到她就发火吵架，或许那次我们就无法成行，就算一起去了恐怕也玩不好。当然以后我们可能也不会结婚。

因此也可以说，选择发怒还是忍耐可能会改变我们人生的走向。

所以在我们生气的时候请不要忘记"将重点放在解决问题本身"，并问问自己"我真正期望的是什么"。

第六章

怎样增进和妻子的感情

妻子为何不按你的想法来？

有一段时间，我一直因在管理员工的问题上不得要领而苦恼。之前妻子也曾体验过我的管理方式——当时我在一家信息通信器械销售公司任营业部长，妻子就在我的部门做电话销售员。

之后我离开公司独自发展，刚好她也在考虑跳槽。于是我试着邀请她："你要来我们公司上班吗？"

当时我和她并不是恋人关系，只是单纯的上司和下属、老板和职员的关系。妻子回忆往事，对我说："如果你还是我们初遇时的样子，我肯定不会选择和你结婚的。因为我曾经认为：谁要是嫁给你这么没耐心又自私的人真是倒了大霉。"

妻子并没有说错，当时的我错误地认为：人是可以被支配的。我想不通员工究竟为何不按我的要求来，因此我常常发火。为了解决自己心中的疑问，我甚至还去参加了面向企业管理层的研讨会。

我参加的是由一家公司的营业部长主办的小规模研讨会。主办人任职于一家在人才培育方面广受好评的公司。这次研讨会参与的人不多，所以讨论中一向寡言的我鼓足勇气向主讲人提出了自己的问题：

"想必你也遇到过员工不听话的情况。请问这时应该怎么办呢？有什么技巧或方法吗？"

对方却回答："你这种想要支配下属、让他们听话的想法是非常不切实际的。对于上司而言，真正重要的是为员工创造一个积极工作的环境。"

主办者的这句话让我如获至宝。

有句话说："我们无法改变别人，只能改变自己。"一直以来我都将重心放在"无法改变的他人身上"——我的下属身上。我试图去改变他们却没有成功，所以我才会倍感压力。

主办者所提到的：将关注的重点放在环境上，因为环境是可以改变的。这一观点给了我很大的启发。我意识到我的任务不是管理员工，而是建设环境。

　　这个观点在两性关系上同样适用。于我们而言，伴侣是"无法改变的他人"，想要他们按我们的想法来几乎是不可能的。我们应该试着思考：我们对伴侣抱有怎样的期待；我们应该做些什么才能让伴侣自愿地满足我们的期待；如何让伴侣心甘情愿地为我们付出等。我将这种想法称为"他人中心沟通法"。与此相对的，"自我中心沟通法"是指以自我为中心，试图让对方遵从我们意愿的沟通方式。

　　当我们在人际关系，尤其是在婚姻中感到不快时，可以试着用"他人中心沟通法"交流。如此一来，我们心中的负面情绪就能在很大程度上得到纾解。

　　举个例子来说，假设你不太喜欢家里墙上的照片贴得乱七八糟。这时请不要直接要求妻子把照片贴好。请换一种方式，比如对妻子说："我们买几个相框把照片好好挂起来可以吗？"如果妻子表示同意，你就可以进一步提议："那我来买相框，等买回来你可以帮忙把照片挂好吗？"

站在他人立场上思考的首要步骤

我在之前的工作中深切感受到了男女沟通方式的差异。我从信息通信器械销售公司辞职后创办了一家贸易公司，那时我手下的员工大多都是男性。现在我改行从事教育领域的工作，手下的员工又大多是女性。我从个人的经验出发，将男女的沟通特点总结成了下表：

从男性职员和女性职员身上感受到的差异

男性	女性
倾向于有计划地完成目标	倾向于根据情况随机应变
一次专注于一件事	多项工作同时展开
发言时希望获得夸奖	发言时希望获得共鸣
倾向于分析失败经历	倾向于分享失败经历
烦恼或消沉时常选择沉默	烦恼或消沉时常选择倾诉
聊天需要中心思想	聊天无须中心思想

我现在的公司有一名女性员工因为家庭原因辞职了。她曾是我的得力干将，多年来给予了我很大的帮助。我询问她能否继续留在公司，她表示去意已决。我只好对其他职员宣布："这位女士马上就要离职了，大家在工作中有什么困难或者对以后的工作有什么建议可以告诉我。"

这时有一名女职员对我说："老板，我感觉你很恐怖。"这话让我十分吃惊。详细询问后我才得知，她之所以对我有这样的印象，是因为我回复邮件时的语气过于生硬。

我公司的多数员工都是居家办公，平时大家都是通过电话和邮件联系。一直以来我都以为公司内部的邮件往来做到明白易懂即可，没必要写得过于礼貌。比如当我希望对方回电时就会简单地在邮件里写上"电话"二字。

于是我向她解释道："虽然我的邮件读起来有些点生硬，但是我本人并没有什么恶意。我这样写是想要提高工作效率。"我以为她听了我的解释多少能够理解。而且我自认为自己打电话时的措辞和日常对话没什么两样，应该不会让他人感到压力。但她表示，自己每次看到语气冷淡的邮件都会担心老板是不是又生气了。

我这才意识到：自己忽视了对下属应有的礼貌——和关系再亲近的人交流也不应该丢了礼貌。

自那之后，我在写邮件时会格外留意。之前我把邮件当作工作的一部分，要么不回复，要么只回复"谢谢"二字。但现在我会在邮件中加上慰劳鼓励员工的话语。

有位女士告诉我，丈夫常以命令的口吻跟她说话，这让她十分伤心。比如丈夫会对她说"给我泡杯茶""给我准备好洗澡水"等。听了这短短几句话，我眼前就已浮现出了一位大男子主义的丈夫的形象。

这位女士告诉我，自己不喜欢丈夫干什么都要给她下命令，丈夫那命令人的口吻让她感到害怕。于是她开始尝试在丈夫还未开口之前就先把事情做好，可这让她感到疲惫不堪。并且她还产生了疑问：我这样对老公言听计从，会不会让他觉得自己特别了不起？她为此十分苦恼，却找不到解决的方法。

这种例子放在现代社会或许有些极端。但女性对于语言的敏感程度确实超乎男士们的想象。

丈夫们在生气时脱口而出的脏话即使不是在骂妻子，也会让妻子觉得"可怕"。生活中，女性也常表现出对脏话的不适感。想必有朋友经历过当着孩子的面爆粗口结果被妻子责备的情景。这些情绪不稳定时说出的话会向周围传递不好的能量，因此我希望大家可以尽量避免。

爆粗口也是发怒的表现之一，是语言在为愤怒服务。但语言究竟是用来干什么的呢？其实语言是一种手段，通过它，我们可以让他人按照我们的想法行动。

切菜时，如果我们发现刀钝了就会换一把。同理，如果他人的言行不符合我们的期望，就是因为我们没有选好表达的方式，即我们说出的话有问题，或是我们选择了错误的交流方式。

在这里我还有一个问题想请大家思考：借给别人多少钱时，你会主动开口要他人还钱？

想来每个人的答案都不尽相同。

也就是说，每个人做出行动的"沸点"不同。在与人接触时，我们只有在努力尝试改变沟通方式的过程中，才能够了解他人行动的"沸点"。

令人感到幸福的交流

改变与另一半的交流方式，你们二人的幸福感也会随之变化。正所谓"汝之蜜糖，彼之砒霜"，再相爱的两人都无法避免价值观的差异。如果我们忽视差异，交往时一味认为自己的想法是正确的，就可能导致与另一半关系破裂。

为了提高交流的质量，我们需要思考怎样才能走进对方的心里。

我认识一对30岁出头的夫妻。丈夫每天忙得昏天黑地，他常常要赶末班车回家，有时候错过了末班车就只能打车回家。妻子定时上下班，回家后把时间都花在了照顾孩子身上。

起初这位妻子十分理解自己的丈夫，每次丈夫回到家她都会说："今天你辛苦了。"

但是这种生活持续了五六年之后，妻子渐渐开始感到不满。丈夫也感到了妻子对自己的不满。但妻子考虑到丈夫工作不易，选择继续忍气吞声。

就这样，表面上夫妻二人间的交流还算正常。直到有一天，丈夫再也无法忍受妻子的坏脾气了，他对妻子说："我在外面忙了一天，筋疲力尽回到家，你能不能别每天板着个脸。"这句话彻底点燃了妻子的怒火，妻子也爆发了。

讲这个故事是希望大家明白：愤怒都是由其他感情引起的。愤怒的背后其实都藏着我们最初感受到的负面情绪。因此请不要被表面的愤怒所蒙蔽，而要试着去理解另一半内心的真实感受。

在这个例子中，既然丈夫已经意识到妻子的不开心很可能是由自己每天晚归造成的，那不如把话说开，主动找妻子谈谈。比如可以告诉妻子："这么久以来，我因为工作每天晚归实在是对不起你。你最近似乎不太开心，是家里或是孩子有什么事吗？"

如果妻子说："我一个人在家很不容易。下班回家还要忙着带孩子，希望你可以体谅我。"或者"我一个人照看孩子实在太孤单了。"丈夫首先要做的就是表示理解。

　　婚姻中我们没有必要用自己的想法——衡量对方的态度、行为、反应和言语，毕竟这样做并不能真正提高夫妻之间交流的质量。因为对方可能会对自己的态度、行为、反应和语言有所掩饰。这其中有可能包含着对你的体贴；有可能掺杂着顾虑；有可能另有隐情，有时还可能夹杂着谎言。总之，我们很难通过一些外在表现解读出内在真相。

夫妻和孩子——家庭沟通的要点

夫妻二人沟通时，我们需要站在对方的立场上思考问题。当孩子也参与到交流中时，我们就要兼顾各方的想法。这时我们具体应该如何做呢？那些有孩子的家庭或需要常与长辈打交道的家庭，更需要提前考虑清楚这一问题。

在这里先谈谈我个人的经验。

我在一次出差时接到了妻子的电话，电话内容简而言之就是：

① 明天是周六，儿子有一场篮球练习赛。

② 儿子明天最后一节课想请假，早点去参加比赛。

③ 我希望儿子把课上完再去参加比赛。但儿子不听。

听完妻子的话后我十分好奇：为什么儿子不惜请假也要早点去参加篮球比赛呢？我认为有必要听听孩子的想法。于是我让妻子把电话开成了免提，好让我们三个人交流。

妻子表示："明明一周前我和儿子已经说好了放学后再去参加比赛，他的老师也联系过篮球教练了，谁知道儿子昨天突然改主意了。我真搞不懂他为什么那么想去，按说他不是正式选手，比赛都不一定轮得到他上场。更何况这也不是正式比赛，为了一个练习赛不去上课，也太得不偿失了。儿子突然改变主意肯定是因为他的队友突然问他能不能早点来。朋友说什么他都听，这才是最让我生气的地方。"

之前儿子就常被朋友的意见影响，妻子对此十分不满。

但儿子却说："我觉得一周前我和妈妈并没有达成约定。当时还没有讨论出结果呢，妈妈就开始做家务了。其实我的想法一直都没有变过。"

于是我们三个人展开了如下讨论：

① 请假早点去参加比赛的好处和坏处。
② 等到放学再去参加比赛的好处和坏处。

经过一段时间的讨论后，妻子说："既然我们说来说去也没个结果，那干脆按照之前说定的，下课再去吧。"

我表示："不对不对，这件事上父母的想法虽然重要，但是最终决定要让孩子来做。"

我认为人学会为自己做决定才能够成长。最终孩子还是决定上完课再去参加篮球比赛。

将沟通重心从自己变为对方

我们打完电话 40 分钟后，我估摸着孩子已经睡下了，就又给妻子打了一个电话。我对妻子说："我认为我们这次的沟通非常成功。我提议抓住这次机会给孩子上一堂课。你觉得呢？"

在和妻子沟通的时候，我并没有一上来就说"我们这样做吧"，而是先问她的意见，以此来了解妻子的想法。而妻子表示，她并没有什么特别的建议。于是我开始向她介绍自己的想法：

"你明天一早就把打篮球的用具放在玄关处。等孩子起床了，你可以半开玩笑地对他说：'其实你还是想早点去打球吧？那你就去吧！但是你一定要好好训练，好好发挥，不然我可饶不了你哦！'送孩子出门时告诉他：'你可以少上一节课早点出来，把双肩包存在学校附近的咖啡馆就行了。'"

对于我这个出人意料的提议，妻子表示无法接受。

我告诉她："这是我的提案，所以你没必要一定照做。但是我觉得如果你这样做，肯定能够增强你们的母子关系和他此后对篮球的积极性。"

然后我现身说法，向妻子讲述了自己的心路历程。我告诉妻子以前自己想做的事情被母亲反对时，我是多么难过；当我获得母亲的理解与支持时我又是多么开心。

记得初中升高中时，我很想参加我们当地一所很有名的高中的入学考试。但是我的班主任以"成功概率太低"为由拒绝让我参加考试。母亲得知此事后气冲冲地为我向老师争取，她说："我相信我儿子的能力。"来自母亲的支持让我十分开心。虽然最后我并未如愿考上那所学校，但是这件事成了我人生中的宝贵财富，我丝毫不后悔当初的决定。

"如果我让孩子早点去参加篮球比赛，你能保证孩子一定能从这件事中获得成长吗？"妻子问道。

"你这是结果论，我无法给出肯定的答案。但我认为不论结果是好是坏，这件事都值得一试。"

第二天早上我又打电话询问妻子情况如何。虽说我很希望她能够按我说的做，但是我也明白主动权在她手上，我不能过多干涉。

妻子告诉我："虽然我还是不太理解你的提议，但我总觉得还是你更理解男生的想法，所以我按你说的做了。"

虽然妻子没有全盘接受我的想法，但她还是选择相信我，愿意按我说的去做。我发自内心地感谢她。

没必要非得争出个输赢

其实我原先并不是一个善于为对方考虑的人。那我是从何时开始学会设身处地为他人着想的呢？我的转变源于我之前的工作经历。我曾参加过多场商务讨论，在这些讨论中人们往往要争出个胜负。

我遇见过很多过分自我的人，在我看来他们这种处理问题的方式不仅无法解决问题，还会导致人际关系不断恶化。

我的一位朋友曾得意扬扬地对我说："与人辩论我还从没输过，因为我会和人一直辩论到对方认输为止。"可是听完他的这番话，我只觉得不想再开口与他交流，因为他并不明白辩论的真正目的。

我认为辩论最主要的目的不是一方说服另一方，而是两方一起寻求一个共同认可的方案。我的这位朋友一心只想贯彻自己的观点，这有悖于辩论的初衷。

婚姻生活中，我们与伴侣意见相左争辩几句是常有的事。有时这种争辩会发展为互不相让的语言论战。双方各执一词，都认为自己是正确的。

一般在这种情况下，夫妻二人各有各的道理，我们无法定论哪一方的想法一定是对的，因此我们无权否定对方，相比之下我们更应该做的是倾听对方的观点，并试着去理解。

我们要转变自己的思维。对方和我们的想法不同不代表对方错了，只能说明对方与我们看待问题的方式有别。我们可以陈述自己的观点，但与此同时请不要否定别人的观点，因为我们没有这样做的权利。

要是我们不顾伴侣的感受将自己的想法强加于人，就会导致夫妻不睦，甚至出现争执。

当我们看不到自己的错处时，就会将所有的错误推到别人身上。但这种把所有错事都怪在他人身上的想法毫无益处，它只会导致我们在婚姻生活中稍有一点不顺心就火气十足。

当我们陷入"争论就要争出个输赢"的误区时，在争辩中，即使我们认为对方的话有几分道理，也会为了"赢"而一味否定对方，没完没了地陈述自己的理由。这简直是把日常生活当成了辩论赛场。有些头脑灵活的人还很擅长反驳对方。为了驳倒他人，他们甚至不惜说一些对人际交往"有百害而无一利"的话。

之前有关争论的种种不好的体验迫使我开始思考：有没有什么能使我们感到幸福的沟通方式？

什么才是令人愉悦的沟通？如何交流才能不越界？

我认识一位做事一丝不苟，但凡事爱斤斤计较的男性朋友。他平时不仅把家里打扫得干干净净，连房子周围他也会认真清扫。每次打扫他都会请自己的老婆帮忙。他还会得意扬扬地告诉别人：自己说什么老婆都会听。但我听说，他的这些行为让他的妻子很是苦恼。

正所谓"汝之蜜糖，彼之砒霜"，你眼中的好，不一定就是他人眼中的好。

我对这句话深有体会。大学时期，我加入的乐队中有一位女孩子。一次我们一起喝了酒，醉意蒙眬下我和她接吻了。

在她看来这可能只是醉酒后随意的一吻，不能当真。但对于一个情窦初开的十九岁少年而言，这个吻就表明她已经是我的女朋友了。

自那之后我常常去找她。正巧她的生日快要到了，我挖空心思想要给她一个惊喜。我想：我带着蛋糕和香槟去找她，她肯定会很开心的。

　　她住的地方离我家不远，骑自行车只需要十分钟。那天我满怀期待地蹬着车子出发了。一路上为了不让蛋糕被撞到，我骑得小心翼翼，一边骑一边幻想她看到我时笑容满面的样子。就这样，我无比激动地来到了她家门口。

　　我按响了门铃，她一打开门我赶紧送上自己的祝福："生日快乐，我们一起为你庆生吧。"

　　没想到她听了我的话后，脸上浮现出为难的表情。她微微皱着眉头，无可奈何地叹了口气，垂下眼睛。我并没有看到想象中她的笑脸。

　　"你就没想过我也有自己的安排吗？"

　　听完她的话，我感到自己所有的美好幻想在一瞬间轰然倒塌。我不禁猜想："难道她屋里还有别的男生吗？"

　　最终她还是让我进门了，然后一脸严肃地对我说："我正打算出门呢。你连个招呼都不跟我打，就这样突然找上门未免也太唐突了吧！"

被她这样一说，我就像只泄了气的皮球，沮丧极了。最后我把蛋糕和香槟交给她就回家了。

原来一切都是我的一厢情愿，我自以为这样做一定能讨得她的欢心。我感到失望的同时也好好反省了一下自己。

不仅是这件事，还有妻子曾对我说的那句："我不是你的下属。"都让我重新审视自己的行为。

在一次次反省后，我的关注重心逐渐从"我怎么想""我想怎么做"，转变为"对方怎么想""对方想怎么做"。

我开始意识到，一直以来我都像个孩子一样——拼命地向对方传达自己的想法，对方稍表现出些许不理解我就会生气。可我没有注意到，自己提出的观点几乎都是建立在我个人价值观的基础上的。在经历了这些事情之后我开始学着去理解他人，我能感到自己和他人沟通的质量也有所提高。

学会倾听怒气背后的真实想法

一位前来咨询的男士向我讲述了这样一件事：

他说："我正和妻子商量旅游的事情，她突然就不高兴了。我问她是不是生气了，虽然她嘴上说着没有，但是明显就是一副不爽的样子。"

就在这时，这位男士做了件不该做的事。他相信了妻子"没有生气"的说法，接着说道："太好了，那我们接着说旅游的事吧。"可妻子却说："我不想去旅游了。"说完后便突然起身离开了。

他喊道："你什么意思啊。你这明显就是生气了啊，为什么要说自己没生气？"

可是妻子却说："我说了我没生气。反正我就是不想去旅行了。"说完便去看电视了。

妻子的举动让他十分窝火，他说："真是莫名其妙。我还不想和你这种整天变来变去的人一起去旅游呢。"

妻子听完这句话彻底火了，她嚷道："你就是个混蛋。"之后她就气冲冲地摔门进了卧室。

我并不清楚故事中的妻子究竟因为何事而发火生气。或许她是希望丈夫可以更加关注她的想法，而不是一门心思扑在安排旅游上；或许在她看来，享受两人一起出游的时间，比制订旅行计划重要得多；或许她是希望丈夫多听听她的想法；或许她是觉得自己的心情"不言自明"，希望自己无须开口就能获得丈夫的理解；又或许，使她陷入不安或悲伤中的消极情绪与丈夫并无直接关系。

正如下表所示，我认为怒火的背后，隐藏着某种原始的情感。所以在伴侣突然暴怒时，我们要及时给予对方关注，而不是单方面推行自己的想法。

引发怒气的原始情感

疲劳感：过量工作带来的心理疲惫
忧郁感：自尊心或积极性遭到打击，提不起干劲
悲伤：失去了对自己而言十分重要的东西
不安：前途未知，对未来不再抱有期待
罪恶感：失败带来的后悔与自责
羞耻心：收到了来自他人的负面评价
愤怒：难以宽恕别人的言行或认同他人的想法
恐惧：害怕目前面临的威胁
嫉妒：嫉妒他人拥有的东西
羡慕：羡慕他人拥有的东西

凡事勤动笔

——既是老生常谈，也是实用妙招

争执中不存在毫无过错的一方。当我们被人指责时，且不管对方讲话多难听，其必是言出有因。

夫妻二人闹矛盾时，如果妻子说了什么难听的话，我们首先应该反思：她为什么会这么说？在试着找寻答案的过程中，我们要能够客观地思考自己身处的位置，这样心中积攒的压力也能够得到释放。

在分析中，我们可能会发现对方的指责有失偏颇，也有可能意识到自己的问题，并对伴侣的意见表示赞同。

分析过后请另找一个时间反思：此次的问题是什么、涉及的人都有谁、自己说了什么、当时的心境、自己当时的反应以及之后应该怎么做……

我建议大家将自己的反思记在笔记本上或手机上，这样有助于我们厘清思路，想明白妻子为何会说那些话，明晰下次如何与妻子交流。

勤动笔记录，能帮助我们厘清模糊的思路。

第七章

惹老婆不高兴了该怎么办？

空姐告诉你女性需要温柔呵护

其实夫妻相处没有什么大学问，全在于丈夫平时对妻子的关心呵护。但我们身边总有些男士因为性格问题把事情搞砸——有时他们明明想关心妻子却适得其反，惹得妻子更加不痛快。

那究竟应该怎么做才能让妻子觉得你在关心她呢？下面的内容或许能给大家带来启发。

空姐们每天都会接触上百名乘客，她们会对乘客们的哪些行为赞不绝口呢？针对此问题，某杂志经过调查总结出了空姐们所欣赏的乘客特质：

① 说话时看着你的眼睛。
② 早早将自己的行李放在行李架上，并主动帮助周围的乘客。
③ 礼貌地提出自己的要求。

④ 读完报纸和杂志后立即归还。

⑤ 会考虑周围乘客的感受。

⑥ 用餐不剩饭，餐后不杂乱。

⑦ 飞机餐和自己的要求有别也不斤斤计较。

⑧ 空乘人员犯错误时，不过分责备。

⑨ 下飞机后座位整洁。

虽说我们没有必要为了取悦妻子，将以上几点一一付诸实践，但我们可以通过这些要点了解到"女性希望被如何对待"，这有助于我们更好地和妻子进行沟通。

女性希望被当作公主宠爱

不知道您在了解了空姐们的心声后有何想法呢？在相处过程中，男性朋友们要体现出高情商、不动声色的关怀、谦虚和大气，这样才能让女性感到自己备受呵护。

空姐们的想法让我意识到：原来女性希望自己被当作公主宠爱。有人可能会将这理解为女性希望别人迎合她、讨好她。但我认为，让妻子感受到自己被人重视、有人守护、受人注意，才是真正意义上的将女性当作公主来宠爱。

了解了女性的这一"公主心理"后，就算我们无法在短时间内完全满足妻子的心理需求，也可以从日常小事入手让她开心。比如，和妻子聊天的时候看着她的眼睛，帮助妻子从高处拿东西、换灯泡等。只要讨得妻子心里那位"小公主"的欢心，妻子对我们的好感就会瞬间提高。

听妻子说话时要用"大耳朵""小嘴巴""温柔的目光"

许多男性朋友在工作中逐渐形成了"小耳朵""大嘴巴"和"犀利的目光"。所谓"小耳朵"是指他们没有耐心听别人说话；"大嘴巴"是说这些男性只顾着陈述自己的观点，不懂得倾听；"犀利的目光"则是说他们眼里只有别人的缺点和失误。

但我们和妻子相处时却需要用"大耳朵""小嘴巴"和"温柔的目光"。"大耳朵"是指我们要耐心听老婆说话；"小嘴巴"指我们不能过分强调自己的观点；"温柔的目光"则是说我们要有意寻找对方身上的闪光点。而且不论妻子和你谈工作还是聊生活，我们都要耐心听妻子把话说完。

我在前文中也提到过，交谈对女性来说是一种减压的方式。因此如果我们在对方倾诉时频繁插嘴，无异于夺走了妻子放松的难得机会。即使话题的内容乏味且无意义，我们也应该让妻子感受到我们愿意耐心听她倾诉。

像这样，我们在日常生活中的点滴小事上用心，日积月累，才能构筑起夫妻间的信赖关系。有时就算我们不太赞同另一半的话，也请先试着去理解对方，而不是急着反驳。用抱怨的话语说出自己的观点是交流中的大忌，这样做只会让对方受伤。

另外，交流中请谨慎地使用第二人称"你"做主语的句子，因为这样可能会让伴侣觉得你在指责她。比如"你抱怨这么多干什么？""你自己不也一样吗？"等，就是非常不好的表达方式。

我曾带领班上的学员们做过一个实验。我先请大家在纸上写下夸奖别人的话语。大部分人写的都是"出色""厉害""努力"等词语。之后我又请大家将"我"作为主语加在这些词语前，也就是"我很出色""我很厉害""我很努力"等。但是大家都觉得这些句子读起来并不自然。如果将主语换成"你"，结果又如何呢？试着念出"你很出色""你很厉害""你很努力"后，学员们普遍觉得这些句子听起来更加自然。

也就是说夸奖的时候主语为"你"，批评的时候主语为"我"，这样才更符合我们日常交流的习惯。不知你是否注意到：在日常交流中，主语为"你"的句子，常常给人一种命令感。主语为"我"的句子，常常给人一种提议感，或展现出希望进一步了解对方观点的姿态。因此，主语为"我"的表达方式反而更能说到对方心里去。

听妻子说话就能让她打起精神

从表面上看，说话是在给别人打气，但其实给予他人精神支持最好的方法是倾听。

你可以自己想象一下，如果有人对你说的话感兴趣，耐心听你说话，难道你不会感到欣喜万分吗？这是因为别人通过倾听，给你传递了巨大的能量。我想每个人都会珍视这种愿意倾听的人，每个人都想要和善于倾听的人成为朋友。

我有一位男性挚友就非常善于倾听。和人聊天的时候如果有谁中途开口打断他讲话，他会马上终止自己的话题听别人说，因此他总是很受人欢迎。

认真听别人说话，就是在努力向对方传达"我想要了解你"的信息。毕竟没有人愿意和不理解自己，也不愿理解自己的人交流。

所以请你试着去倾听妻子的话并给予她力量吧。这样她在和你交流的过程中一定会慢慢打起精神的。这才是真正的给予。

如果你一直以来都觉得自己不善言辞，不会与人沟通，那么今天就是改变这种想法的时候了。交流时我们无须说什么，只需要笑着注视妻子的眼睛听她说话就可以了。当妻子可以与你畅所欲言的时候，你就变成了她心目中极具魅力、极其珍贵的人。

可爱不是女性的专属，可爱的男人率性惹人爱

不论男女，都需要在婚姻生活中向伴侣展现自己"可爱"的一面。我认识一位女性朋友，她经营着一家只有女职员的公司。一次，我的朋友对员工说："我觉得'可爱'对女性而

言是一项必不可少的特质。"可当她被员工问道："请问社长，您觉得'可爱'究竟是指什么呢"时，却不知如何作答。

于是她来向我求助："你觉得应该如何解释'可爱'一词呢？"我思考再三之后表示："我认为'可爱'就是诚以待人的态度和那些能够拨动他人心弦的行为。"

比如在公司中老员工一直告诉新人："有什么不懂的地方直接问我就好。"新人便如他所说，遇见不懂的问题虚心求教。那在老员工看来这位新人就很"可爱"。

遇到不会的事坦率承认，求助别人时有话直说。这也算是"可爱"的一种形式。

虽然可爱常被用来形容女性，但我认为可爱并非女性的专属。如果你常抱怨自己的妻子不够可爱，不如先反省一下自己是不是同样缺乏可爱之处。我们在妻子身上看到的问题往往是我们自身的投影，因此或许我们平日与妻子交流时的一言一行就缺乏"可爱之处"。

那么丈夫的哪些言行会让妻子感觉到"可爱"呢？

一位女性朋友曾和我说："我们家那口子有时候还挺可爱的。"我见过她的老公。说实话在我看来她的丈夫属于彪悍型，更像一名橄榄球运动员，和"可爱"二字根本不沾边。

于是我询问她觉得自己的丈夫哪里"可爱"。她表示，自己的丈夫吃她做的饭菜时常常赞不绝口；一起散步时哪怕只是顺便逛逛新开的咖啡店，丈夫都会很开心。所以她认为丈夫的可爱之处就在于毫不掩饰地表达自己的情感。

我相信她的丈夫一定很善于表达积极的情绪。虽不知道这是后天养成的习惯还是天生的性格使然，但他显然已掌握了与妻子顺畅沟通的秘诀。那就是将自己感受到的开心、快乐、惊喜、感谢等积极情绪通过语言传递给妻子，这样就能使夫妻的交流更加顺畅。

这些话能改善你与妻子的关系

古今中外优秀的人都懂得说话的艺术。因为他们明白，"语言"可以搭建出"现实"。而在情绪管理方面，语言的作用同样不可忽视。

语言是人成长的养料。自己的话与他人的话会对我们产生潜移默化的影响。

认真分析自己和身边人所说的话后，我发现了引人深思的事实。

首先，运气好的人或是实现人生"翻盘"的人，都常说积极的话。

试想一下，假设妻子突然让你打扫房间，你会如何回应呢？是心烦意乱地抱怨，还是爽快答应并积极主动地去做呢？

说积极的话会让事情充满希望，其结果往往也不会让我们失望。相反，如果我们一味消极抱怨"我不想干""我做不到"，就会招致不快，其结果往往也不尽如人意。

可以说，语言中蕴藏着改变人生（未来）的力量。

一位40多岁的女士曾告诉我：她从不会在丈夫出门前说"路上小心"，因为她觉得"路上小心"这句话会使对方感到不安。她会在丈夫出门前说："一路顺风，祝你度过开心的一天。"

每天儿子上学前，我也会告诉他："希望你度过开心的一天！"儿子睡觉前我会说："祝你做个好梦！"儿子常常会回答我："爸爸我爱你，也祝你做个好梦！"

那么，我们生气或者意志消沉的时候应该怎么办呢？在这里我推荐大家为自己准备"魔法咒语"。

每当消极情绪袭来，只要我们念出"魔法咒语"，就能够让自己重拾勇气、学会体谅。我们可以按照怒火的种类准备不同的咒语，这样方便我们"对症下药"。比如我们可以预想一些复杂的局面，为我们的怒火提前配好"解药"，有备无患。例如：

一定有好的解决方法！

这一定是上天给我的考验！

因为这种事发火就输了，冷静！

人生不如意十之八九，这件事就是其中之一。

这种考验正是我所需要的。

准备好这些咒语，只等我们生气或者想要发火的时候默念就行了。这样我们就能让被情绪控制的大脑再次恢复理智。

我自己常使用的"魔法咒语"是：这种考验正是我需要的。每当我感到生气时，我就会默念这句话暗示自己。人的大脑是十分神奇的，听到这句话后会自动开始思考"我需要经历这种考验的理由"。因此我推荐大家也拿来试试。

妻子做出消极回应时我们应该说什么？

付出努力却得不到回报时，人就容易生气。这时我们可以默念这样的"魔法咒语"：

努力不一定成功，但不努力一定不会成功。

每天坚持积累，最后一定会有所收获！

人生没有无意义的邂逅。

现在的付出终有一日会得到回报！

只有脚踏实地前行才能离目标更近！

当伴侣没有给予我们积极回应，或与我们意见相左时，我们就可以默念：她这么做一定有她的道理。

当伴侣的言行让我们感到不快时，请先想想对方为何会说这样的话，为何会做这样的事。

要是你能大概推测出其中缘由，不妨爽快地问问对方："你是不是因为那件事才这么说？"要是你冥思苦想也摸不着头脑，就可以直接开口询问："你为什么要说这样的话呢？"

选择对问题视而不见只会让你和对方心中的不快逐渐升级。因此我们要防患于未然，将怒火扼杀在萌芽状态。

有时我们还会为自己的失败感到沮丧，或者生自己的气。这种时候就要学会开导自己："过去的事都过去了……""遗忘是上天赐给我们的礼物"等。

我想已经有不少朋友在平日不自觉地用到了这项技巧。我有一位朋友就会在遭遇失败时告诉自己："Don't mind（别介意）""Next chance（下次加油）"。

当我们有意地运用这些技巧时，普通的句子就会发挥出巨大的威力。

开口说话不需要花钱，更不需要获得谁的许可，一切决定权都在我们自身。

前些天我在研讨会上半开玩笑地谈到了下面的话题：

最近每当我想要对妻子发火时，就会在心中默念：爱她就要包容她的全部，这就是我能将婚姻坚持到今日的秘诀。我话音刚落，满场的听众一边笑一边点头肯定。

我再向大家讲述一个"改变一个词带来大不同"的故事，这是我从一位客户那里听来的。多年来，这位客户任职的公司业绩一直没有什么起色。对此公司的社长想出了改善方法：以后禁止在公司说"你辛苦了"之类的话。社长的理由是：公司不是一个辛苦卖命，充满疲惫的地方。没想到自那之后，公司的业绩真的有了不小的起色。语言中蕴藏的能量真的超乎我们的想象。

如何让妻子重绽笑颜?

刚创业时我经历过一段事业低谷期。那时公司业绩不尽如人意，我对此苦恼不已。在公司里我根本感受不到员工们的干劲和活力。

某天我在街上漫无目的地闲逛，边逛边思考：涩谷的咖啡店是怎么吸引顾客的呢？怎样才能让员工们打起精神呢？我冥思苦想了许久，还是找不到解决的方法。

我有些绝望地走下地铁站的楼梯，这时有人把我叫住了。回头一看，原来是之前曾在我公司工作过的一名女职员。

我和她来到一家咖啡馆小叙。因为我和这名员工比较熟悉，再加上当时有些沮丧，便跟她坦白了自己的心事。听我倾诉完后她说："这样说可能有些不合适，但我觉得你现在仿佛是一个孤家寡人。你浑身上下都带有一种怨念，仿佛在告诉别人：'我现在苦恼不已。我为公司的事操碎了心，却没有一个员工能体会这份苦心，没人愿意为我积极工作。'"

说实话，我本来是期待她多少能安慰我一下，没想到她的话直戳我的痛处。虽然和她聊完后我仍不知道该怎么办，但我决定先打起精神来。

我当即跑到一家药店买了摩丝和梳子，之后到附近大楼的厕所里将自己原本散在额前的碎发好好打理了一下。之后我又快步回到办公室，大声和大家说："各位今天辛苦了！"

也就是说，我改变了自己的状态。

虽然这并没有给我们公司的业绩带来质的飞跃，但是当我有意识地改变自己的状态后，公司的氛围开始渐渐有所好转起来。

要是你想要变得积极，就先改变自己的态度。

挺起胸膛，大声地向大家问好。

明媚的笑容和充满干劲的声音能够带来幸福。

这就是我从这件事中学到的东西。

而当时叫住我的那位女士现在已经成了我的妻子。她是我的大恩人。她总是耐心听我说话、帮我权衡利弊、直爽地向我提出意见，这些都是她值得夸赞的优点。

每当我和妻子之间发生什么不愉快时，我都会想到她的这些优点，然后我大部分的怒气就会立刻消失得无影无踪。

带来积极影响和消极影响的不同状态

✓	✗
抬头	垂头
挺胸	丧气
背挺得笔直	驼背
深呼吸	浅呼吸
收腹	声音无力
直视对方的眼睛	
说话铿锵有力	

消气绝招

研修会上，每当有学员发言完毕，我都会说："请大家掌声鼓励一下他，这也是对我们自己的一种肯定。"

课程进入"行为对人的影响"这一部分后，我问大家："研修会上我再三让大家鼓掌，你们觉得这是为什么呢？"

究竟何时需要鼓掌，何时又不需要鼓掌呢？

我相信世界上很少有人会在愤怒、悲伤、沮丧的时候鼓掌吧？在这种情况下鼓掌就是故意做出不符合自己情感的行为。

一般来说，我们在表达积极的情绪，比如祝贺别人、鼓励别人时才会鼓掌。

研修会上，我通过鼓掌，管理学员们的心理状态。我希望学员们也通过鼓掌变得积极起来。

同理，在我们生气悲伤的时候是不会一蹦一跳地向前走的，这种欢快的脚步只有在情绪高涨的时候才会出现。

情绪会影响我们的行为，反过来行为也会影响我们的情绪。

当我们沮丧、痛苦、难过、悲伤时，就需要通过积极的行为去调节自己的情绪。

研修会开始前，我为了让自己尽量保持在最佳状态，会练习自己为自己鼓掌然后登台演讲。每当我提不起干劲的时候，也会将双手高举过头顶做出胜利的手势。

胜利手势被广泛运用在体育比赛中。比如，队员们会在开赛前围成一圈，将手放在中间给彼此加油打气。在日本的高中棒球赛中，当有队伍面临生死攸关的时刻时，队员们会集合在投手处笑着相互鼓励。这样能让队员们在接下来的比赛中发挥得更好。

想必某些动作也会让你精神百倍。请想象一下自己无比喜悦、开心得快要飞起来时的样子。这时你会有怎样的表现呢？你可能会举手欢呼："太好了！"也可能会握拳庆祝并喊道："成功了！"

让我们转换一下思路，试着在消极的时候有意识地去做这些含有积极意义的动作。即使我们的情感暂时还未到位，只要做了这些代表正能量的动作，我们的心情也会变好。就算无法立刻开心起来，至少也可以防止我们继续消沉下去。这种通过特定行为唤起特定情绪的方法应用了"锚定①效应"，而"锚定"效应在心理学上被广泛使用。

---

① 锚定：指人们倾向于把对将来的估计和已采用过的估计联系起来，同时易受他人建议的影响。

不花钱带回家的"伴手礼"
竟有这么大作用！

　　有些朋友回家之后会做出一些让家人心情变糟的行为，比如向妻子抱怨今天的工作有多辛苦等。我明白这些朋友是想要得到来自家人的关心和安慰。可惜天不遂人愿，家人的反应往往无法满足他们的期待。

　　其实这种向家人吐苦水的做法对婚姻生活有着消极的影响。因为负面情绪是会传染的。你不开心，周围的人往往也高兴不起来。你的烦躁之情会传递给你的恋人、妻子，甚至在整个家庭中蔓延开来。

　　不知道大家是否发现，其实职场上也是如此。如果某日上司心情不佳，那员工们就会变得小心翼翼，公司内的氛围就会沉重起来。所以当着所有人的面训斥迟到的员工或犯错误的下属是非常不可取的行为。当整个职场被上司的怒气笼罩，不仅被训斥的员工会受到影响，其他员工也无法专心工作。

因此请不要将职场上的怒气带回家中。回家的时候请尽量以柔和的表情和积极的态度对待自己的妻儿。不过一年365天，难免会有那么几天碰巧回家前遇到糟心事，这时我们的言行免不了会受到影响并传递出消极的情绪。

有那么几次，回家时我看到电梯中映出的自己的脸，那无精打采的样子让我无比吃惊。不过我就算再无精打采，也会在进家门前努力打起精神。我的诀窍就是在进门前做一些能让身体产生积极反馈的动作。比如我会在电梯里整理仪容、唱歌或吹口哨。我还会对自己说一些鼓励的话。这种自我调节带来的成效，可以清楚地反映在我进门后说的第一句话上。我回家后精神百倍地问候家人，家人也会很好地回应我。

不快会招致更多不快的情绪，开朗会引来更多开朗的回应。只要我们注意尽量不把消极的情绪带回家中，多带给家人正能量，就能够使家庭关系更加和睦。

大家是否知道寒暄真正的意义呢？寒暄在日语中写作

"挨拶"，"挨"在日语中有"打开"的意思，"拶"在日语中有"接近"的意思。因此，寒暄可以理解为"向对方敞开心扉"。

"你好""早上好""欢迎"等寒暄语中传递出的是敞开心扉想要与他人建立良好关系的信号。真正的寒暄就是问候他人，表现出自己希望加深彼此关系的愿望。

谦虚其实大可不必

　　有些人总习惯以消极的视角看待身边的人，这导致他们在与人交流时往往过于"谦虚"。比如当你向一个人夸奖他的妻子时，他会说："哪里哪里，我老婆人很迟钝的。"当你跟一位女性夸奖她的丈夫时，她会表示："我老公表面上看着还行，其实在家一天到晚吊儿郎当的。"这些人的这种说法，在不知不觉间传递着负面的信息。一位外国朋友曾问我："为什么有些人会故意在人前贬低自己的伴侣和家人呢？我们国家几乎没人这么做。我觉得这些人的这种做法是很不可取的。"

　　仔细想想确实如此。当有人赞扬我们的伴侣和孩子时，我们为何不能爽快接受并说一句"谢谢"呢？

　　之后我开始留心身边的朋友谈及自己家人时的态度，我发现大部分情况下人们对自己家人的描述都是负面的。于是我反思道：或许我也在不自觉地以消极的态度去看待妻子的言行。为了摆脱这个习惯，我决定训练自己以积极的态度面对妻子。现在每当我与妻子沟通时，都会有意识地从积极的角度去理解她说的话。

就算她偶尔说了一些不好的话，我也会主动思考：要是我从积极的方面去理解这句话，那能得到怎样的结论呢？并且我还会重新考虑妻子的意图：或许她的本意并非如此。

互动：找出伴侣身上的优点

——万事开头难，找找看，结果一定出乎你的意料

现在请准备好纸笔，写出伴侣的 50 个优点。

如果我们没法一下子写出这么多的优点，也可以尝试每天写一个你在对方身上发现的闪光点。

比如：老婆早上会为我做可口的饭菜；老婆会微笑着送我去上班；老婆会提前帮我把啤酒冰镇好，等等。

我们还可以回忆之前发生的事情，写下伴侣曾带给我们的那些感动。只要留心，50 个优点其实很好写。

哪怕我们一周记录一个优点，只要一年时间我们就可以完成这份优点清单。这份清单对我们来说是一笔宝贵的财富，

完成后要记得时常拿出来温习。尤其是在我们想要发火的时候，重读这份清单会让我们回忆起很多美好的经历，看完后你可能会不解道："我刚刚为什么要发那么大火呢？"

我的妻子也试着写出了我的 50 个优点，如："认真对待我们的每个纪念日""会时常关注我的想法""努力"等。她写下的优点清单让我十分感动，同时也让我意识到了自己在行动上的欠缺。于是我也写下了妻子的 50 个优点作为对妻子的感谢，同时也是对自身的反省。

说实话，为了列举这 50 个优点，我花费了很多的时间和心思，这对我来说是一次重新审视妻子长处的好机会。多亏这次机会，我重新注意到了妻子每天为我做的那些"理所应当"的事，我再次向妻子表达了自己的感谢之情。自从写下妻子的 50 个优点后，再与妻子发生争执时，我便会在心中默念：她有那么多优点呢。每每想到这里，我的态度就会发生转变：以后的日子还长着呢，和老婆好好过吧。

这种列举优点的方法不仅可以用在夫妻关系上，还可以用在和岳父母、孩子，甚至是和同事的交往上。

有一位女性因为丈夫心里只有他母亲而感到不快。她试着写下了丈夫的各种优点，比如：细心、同情弱小、知恩图报……

　　这位女士告诉我："当我改变看待问题的方式后发现，我的丈夫是一个'在爱的浇灌下长大'的人。正因为他的原生家庭充满温情，他才会待人接物体贴周到。我相信儿子在他的言传身教下也会成为孝顺父母的人，这让我十分欣慰。"

　　有些时候，仅仅是改变我们自己看待问题的方式，就能够收获幸福。

试着写下对方的优点

妻子列举的我的优点

1. 善于思考

2. 平等待人

3. 为他人着想

4. 冷静

5. 唱歌好听

6. 善于维持各事物之间的平衡

7. 爱干净

8. 做事认真

9. 能正确地考虑问题并付诸行动

10. 做事有计划

11. 注意饮食，常吃素菜

12. 善于向他人表达感谢

13. 很少生气

14. 善于倾听

15. 言出必行

16. 对锻炼身体很上心

17. 每六个月会去看一次牙医

18. 善于逗人开心

19. 很少发牢骚

20. 不爱嚼舌根

21. 孝顺

22. 温柔

23. 努力

24. 善于积极地考虑问题

25. 守时

26. 认真对待我们的每个纪念日

27. 每年都会送我一个礼物

28. 每年会带我出国旅游三次左右

29. 晚归一定会向我报备

30. 会帮我预订我想要的所有 DVD

31. 就算我没有做饭，他也不会一脸不满

32. 有事情不会瞒着我

33. 会努力和我交流

34. 会专门空出时间回老家看看

35. 有空会去扫墓

36. 不乱花钱

37. 时常关注我的想法

38. 善于夸奖别人

39. 注重外形

40. 必须要做的事肯定会在当天做完

41. 开车技术好

42. 获取情报的速度很快

43. 爱学习

44. 不忽视每一件小事

45. 工作能力强

46. 让人安心

47. 是值得信任的人

48. 心胸宽广

49. 头脑灵活点子多

50. 思考方式不受局限

我列举的妻子的优点

1. 会帮我擦皮鞋

2. 为我做饭

3. 把家里打扫得一尘不染

4. 陪我在家喝酒

5. 有脏衣服会马上帮我洗

6. 注意健康，每年体检

7. 不乱花钱

8. 开朗

9. 冬天睡觉前会用烘被机为我暖被窝

10. 会定期为我更换干净的床单

11. 不爱批评别人

12. 不随意插手我的工作

13. 会在工作上帮助我

14. 漂亮

15. 苗条

16. 孝顺父母

17. 和姐妹关系好

18. 善于体谅他人

19. 重视健康，常打网球，去健身房

20. 会和我说一些犀利的意见

21. 会陪我出去喝酒

22. 愿意和我约会

23. 给我热洗澡水

24. 刷碗打扫厨房从不拖延

25. 有问题会询问我的意见

26. 会定期去扫墓

27. 开车技术好

28. 方向感好

29. 早上送我出门时会拥抱我

30. 早上会为房间开窗换气

31. 会把厕所打扫得很干净

32. 很爱笑

33. 有事情会找我商量

34. 写字好看

35. 温柔

36. 会接送孩子去上篮球课

37. 很爱孩子

38. 孩子睡不着的时候会陪睡

39. 很少发牢骚

40. 即使我晚上很晚回家也会开心地来迎接我

41. 陪我购物帮我选衣服

42. 认可我所做的工作

43. 会夸奖我

44. 不会向朋友、闺蜜抱怨自己的老公

45. 会帮我冰好啤酒

46. 有时会帮我做便当

47. 不挑食

48. 审美好

49. 我不善言辞，她在家会帮我调节气氛

50. 不会打断别人说话

妻子的笑颜会温暖整个家庭

在这里我先问大家一个问题：你是喜欢和终日愁眉苦脸的人一起生活，还是愿意和笑容满面的人一起生活？

婚姻生活中，当另一半脾气暴躁的时候，我们往往盼着赶紧从伴侣身边逃离；可每逢自己心情不佳的时候，我们又希望另一半能够送上关怀，这就是人性。人们都倾向于和阳光开朗的人待在一起，因此开朗乐观的人往往人缘很好。不论这些"乐天派"实力如何，人们常愿意和他们一起工作、一起娱乐。因为人与人之间是会产生情感共鸣的。

你心中阳光明媚，我这里也会放晴；你那里愁云密布，我心里也会阴郁。烦恼将引来不快，生气只会招惹更多的怒火。而笑容，才对人生有积极的作用。

回顾前半生，我发现自己的笑容为我争取到了很多机会。之前在公司贯彻我的"KKD管理学"时，上班期间我的眉头从未舒展过，目光也很严厉。那是因为我当时不知道其他管理员工的方法。但我从那时起就坚持下班后笑着和员工们道别。

当时还有人夸我的笑容很温暖，还有人说我的笑容给人一种很容易接近、很好打交道的感觉。

这就是我的幸运之处了。我的笑容常让别人主动和我搭话，我因此结识了很多人，获得了很多信息。我商业上的成功与此密不可分，我也因此有机会认识许多优秀的人。

笑容带给了我许多机会，而我常保持微笑也是有原因的。

大学时我曾在一家饭馆打工，当时我只想做好分内之事，好好接待顾客。没想到有同事说我"脸上一直挂着职业假笑"，这让我十分受伤。从那时起我变得面无表情，不再微笑。当时我甚至还被人叫作"假面人"。

毕业后初入社会，我成了一名销售员。一天，我到东京赤坂的一家公司推销商品时，公司的社长对我说："每天都有很多销售员来我们公司推销东西，但你是第一个让我掏钱的人。你知道为什么吗？是你进办公室时的笑容打动了我。你的笑容有一种魔力，让别人想要听你说话。"

自那之后，我便无比珍视自己的笑容。

和家人相处时我更是毫不吝啬自己的笑容。和妻子说话时，尤其在向妻子表达感谢时，我一定会向她微笑。

写在最后

多年来，我从情绪控制学讲师的工作中总结出了许多经验，也曾多次受邀在别人的婚礼上发言。

在发言中我往往会说道："今天在这里有些话我想对你们夫妻二位说，这些都是我的经验之谈：你们夫妻二人今日的想法和观念，来自你们曾经生活的环境。我想现在你们心中都对对方抱有期待，同时也憧憬着理想的家庭。但结婚后，即使对方没能满足你的期待，也请不要为此发火争吵，苦恼于'为什么不能按我的想法做？为什么不能为我做这些？为什么连这点事都做不到？'

"如果你真的为此困扰，那请尝试与对方沟通，说出自己的期待。请不要抱有'丈夫必须为我做这个''妻子必须做到这些'的想法。在婚姻生活中，将自己的想法强加于人是大忌。

"另外，结婚后要积极地寻求建立夫妻共同认可的价值观。两个人有自己的观点固然是好，但难免会出现意见不统一的情况。这时请不要强迫对方接受自己的观点，要寻求理解并尝试建立夫妻间共通的价值观，这才是幸福婚姻的秘诀。"

人生没有重启键，因此我希望自己这辈子能不虚此行，临终之际回首此生希望能不留遗憾。

我常常思索如何获得幸福。年轻的时候我不知道什么才是真正的幸福。我以为只要自己开心就算是幸福，所以我努力想要避开所有令我不开心的事情。但后来经过认真的思考，我渐渐明白：如果身边的人不开心，我也无法获得幸福。

奥地利心理学家阿德勒曾说："人的一切幸福都源于和他人的联系之中。"在我看来，幸福源于自己，造福他人。

简单地说，身边人的感谢就能给我们带来幸福。所以我们要让自己的枕边人——我们的伴侣收获幸福。因为只有幸福感才能让伴侣变得善解人意、温柔体贴，这样我们才能幸福。

首先我们可以先试着向欧洲人学习他们"把男人作为男

性欣赏"和"把女人作为女性欣赏"的处事方式。最简单的改变就是，不再用"孩子他妈""孩子他爸"来称呼自己的伴侣，可以改为直接叫对方的名字，我就一直用名字称呼自己的妻子。

研究显示，人醒着的时候有 80% 的时间都在和别人打交道。除了面对面的交流，我们也要善用社交软件增加沟通的频率。

在恋人、夫妻的关系中，另一半与我们极为亲密，他们是我们通向幸福的关键。因此我们很有必要和伴侣好好商量一下如何幸福快乐地度过每一天。

我一直认为"只有两个人都快乐才是真正的幸福"。因此我经常对妻子说："让我们为彼此的幸福共同努力吧！"

虽说人生漫漫、婚姻很长，但在婚姻生活中，夫妻二人同时处于"绝佳的身心状态"是可遇不可求的。因为我们随时可能会被健康、工作、父母等各种各样的问题困扰。两个人的结合，意味着问题的数量也变为了原来的两倍。不过好在有伴侣相陪，我们面临人生诸事的精神压力也减轻为原先的一半。我认为这就是结婚的美好之处，也是伴侣的可贵之处。这样想来，我们应该对婚姻、对伴侣更加心怀感激才是。另外，婚姻中我们要相互扶持，努力帮助伴侣渡过难关。

自己幸福，也会带给他人幸福

之前我们说到烦躁和怒火是会传染的，因此为了使自己远离烦恼，我们要帮助身边的人从不开心的情绪中走出来。我在前面的内容中也曾多次提到，妻子发火时最好的处理方式就是倾听。

一天，我和妻子边吃饭边讨论有关孩子、自身和家庭的幸福问题。这时妻子突然说："最近我总觉得心里堵得慌。"我推测妻子是因为之前和其他母亲聊到了"孩子的幸福和母亲的幸福是否能两全"的话题而感到消沉。

于是我说出了自己的意见："我觉得一个无法让自己幸福的人，也没有让他人幸福的能力。所以在思考如何让孩子幸福之前，你应该先努力让自己幸福。"

就算我们为了孩子的幸福付出再多，如果我们自己终日闷闷不乐，那孩子也无法真正开心快乐，因为我们的消极情绪会传递给孩子。

若是每天心情不佳，我们就会变得容易发怒。父母是孩子极为重要的人，孩子尤其关注时时陪伴在侧的母亲的心情。只有看到母亲开心，孩子自己才会发自内心感到快乐。

这时妻子问道："你说我要先让自己幸福，那就是说我可以随心所欲地生活了？"我否定了妻子的想法。我认为让自己幸福起来，不意味着只关注自己的幸福。因为没有他人的合作，我们是很难幸福的。

神奇的一点是，当我们认真思考如何让自己幸福起来时，就会想要帮助他人，想要给他人带来快乐，因为只有这样，我们自己才能幸福。我向妻子分享了自己在这方面的心得体会，并告诉她："你现在没有真正搞懂幸福的含义，所以才会感到迷茫。你要认真想想幸福对你而言意味着什么，也要思考一下实现你所谓的幸福需要和什么样的人打交道，需要进行怎样的交流。"听完我的一席话，妻子高兴地表示自己恍然大悟。

本田汽车创始人本田宗一郎说："把造福他人当作自己的

快乐。"现代管理学之父彼得·德鲁克说："我们不一定能管理别人，但一定能管理自己。一个做不好自我管理的人，同样管不好员工和同事。以身作则是最有效的管理方式。"

虽说为他人付出会给我们带来幸福，但我们也不能为了帮助他人让自己不开心，这样就本末倒置了。在我们思考如何帮助别人的问题前，要先想清楚对自己而言幸福意味着什么。不可思议的是，在思考中你会发现：为他人付出是获得幸福的必经之路。

为他人付出不仅会给你带来快乐，还能让你周围的人幸福起来。有些女性之所以焦躁烦闷，其中有很大一部分原因在于她为了丈夫和孩子的幸福牺牲了自己的幸福。

前几天有一位太太对我说："我老公借着工作的名义还能出去跟人喝酒聊天，可是我呢？整天在家洗衣做饭、照顾孩子，活像个老妈子。"

育儿和家务事确实重要，但是我们不能因为这些牺牲了自己的幸福。

你的太太是否也因为照顾孩子、做家务而忽视了自己的幸福呢？我认为有必要让你的妻子认真地思考一下自己的幸福，这样你才能收获幸福。

虽然妻子为家庭牺牲的观念可能在一时之间很难扭转过来，但请不要放弃努力。毕竟只有家庭中每个人都幸福，这个家才能幸福。

都说男人读不懂女人，女人也理解不了男人，但是为何我们仍孜孜不倦地想要解开另一半身上的"谜团"呢？这是因为人们都想获得幸福，因此我们在与人交往时会不自觉地想要去了解对方，并希望获得对方的理解。并且，当两个人之间产生爱情时，他们会更加渴望相互理解。

我在前文中提到，身边的人不幸福我们就无法收获幸福。其实幸福感还和理解他人并获得理解有着很深的关系。

虽说人生无法事事顺心，但是为了完成自己的心愿努力拼搏，不正是人生最美的事情吗？

我的人生箴言就是：乐活人生。但我并不赞同"人就是为了享乐而活着"，如果抱着这样的态度生活，那人生中的痛苦与心酸就会异常难挨。

所以我们不能盼着哪一日幸福突然来敲门，而应该在当下享受幸福。

人生只有一次，请将痛苦与心酸都当作人生的馈赠，苦中作乐。

享受痛苦，反而能给我们带来快乐。恋爱时，我们仿佛沉浸在浪漫的童话故事中，很难意识到这一点。等到我们走入婚姻，更加真实地感受生活后，才会发觉这句话就是人生的真谛。

逆境会促使我们奋起拼搏，正因为人生时有不如意，我们为了梦想努力的身影才显得格外迷人。